正向引导

——换个思维教孩子

雷和喜◎编著

ZHENGXIANG
YINDAO

HUAN GE SIWEI
JIAO HAIZI

长江出版传媒 湖北教育出版社

图书在版编目（CIP）数据

正向引导：换个思维教孩子 / 雷和喜编著. 一武汉：湖北教育出版社，2023.7
ISBN 978-7-5564-5776-2

Ⅰ. ①正… Ⅱ. ①雷… Ⅲ. ①家庭教育 Ⅳ. ①G78

中国国家版本馆CIP数据核字(2023)第102626号

ZHENGXIANG YINDAO: HUAN GE SIWEI JIAO HAIZI
正向引导：换个思维教孩子

出品人	方　平	策　　划	博达新时代
责任编辑	刘书慧	责任校对	李庆华
美术编辑	李　枫	责任督印	刘牧原

出版发行	长江出版传媒	430070	武汉市雄楚大街268号
	湖北教育出版社	430070	武汉市雄楚大街268号

经　　销　新　华　书　店
网　　址　http://www.hbedup.com
印　　刷　湖北大合印务有限公司
地　　址　湖北省仙桃市张沟镇新里仁口和平村
开　　本　710mm × 1000mm　1/16
印　　张　12
字　　数　140千字
版　　次　2023年7月第1版
印　　次　2023年7月第1次印刷
书　　号　ISBN 978-7-5564-5776-2
定　　价　42. 00元

前言

Preface

如何教育孩子一直是家长们十分关注的问题。以前，家长们只会想“怎样管”孩子，孩子才会听话，认为孩子“不管就要上天”了。后来，家长们逐渐认识到教育的重要性，开始引导孩子成长。如今，家长大都比较宠爱孩子。为了帮助孩子快乐地成长，让孩子成为社会精英，家长们要既适当地管束孩子，也正确地引导孩子，让孩子更优秀、更有能力。

在管教孩子的过程中，家长要注意管和教的一些细节和特殊问题。比如，怎么管孩子才会听，怎样正确运用表扬和批评、奖励和惩罚，怎样在学习、生活、性格等方面成功塑造孩子，青春期的男孩、女孩要怎么管教等，这些问题在教育中很常见，家长在这些方面也比较容易出错，如果处理不当，很可能会影响孩子的健康成长。

很多家长都不明白，为什么孩子总是和自己唱反调，把自己的话当作耳边风。其实这并不单单是孩子的问题，家长也有责任。首先，家长没有在孩子心中树立好威信。如果孩子非常信服家长，尊重家长，那么他们会乖乖地听父母的教育，并以父母为榜样，主动地提升自我。其次，家长在管教孩子的时候方法有误，伤害了孩子的自尊心，导致孩子厌恶家长的管教。因此，当孩子出现和家长对着干的情况时，家长要反思一下自己的教育方法，看看是否有不当的地方，然后加以改正。

家长们不妨换个思维教育孩子，运用正向引导的方法来教育孩子。面对孩子各种各样的问题，既不过度惩罚也不娇纵，而是要运用正确的方法和技巧来引导孩子，让亲子关系更加和谐。孩子只有在一种和善而坚定的气氛中，才能培养出自律、责任感、合作以及自己解决问题的能力，才能学会使他们受益终身的社会经验和生活技能，才能取得良好的学业成绩。基于此，我们根据大量的典型事例以及教育专家的指点，编写了这本《正向引导——换个思维教孩子》。

本书有很多丰富生动的案例，并结合生活中一些常见的现象，指出如何做合格的父母，父母该如何培养人格健全、品德优秀、素质完善的孩子。本书根据当前的实际情况对父母教育孩子的方式给出建议和指导，希望能够帮助各位家长和孩子构建良性的亲子关系，取得好的家庭教育效果，培养出健康、优秀的孩子。

由于时间和水平所限，书中难免会有不当之处，恳请广大读者批评指正。

编　者

目录 CONTENTS

CHAPTER 1

第一章

孩子成长，需要正向引导

孩子在模仿中成长

模仿是指个体自觉或不自觉地重复他人的行为的过程。模仿的主要意义包括学习、参照、借鉴，即通过模仿来提升自我。对于孩子的成长来说，模仿是孩子认识世界、学习知识和技能的一种方式，孩子的动作、语言、技能以及行为习惯、品质等的形成和发展都离不开模仿。

对于孩子来说，最早接受的是家庭教育的熏陶，学校教育是家庭教育的补充和完善。家庭教育主要培养孩子的安全意识、良好的行为习惯、时间观念、自我约束的意志、独立思考与判断的能力。当孩子带着这样的“家庭教育成果”进入学校后，才能通过好的生活习惯来激活好的学习习惯，从而大大提升学习的效能。

以我多年的从教经验，凡是受到良好家庭教育的孩子，在学校里的表现都比较优秀。因此，家长们一定要高度重视家庭教育，扣好孩子人生的第一粒扣子。孩子的家庭教育，最早是从学习和模仿家长开始的。学龄前的孩子的主要学习方式就是模仿，孩子在 6 个月大的时候，就开始模仿大人的表情和手势。

一天，有一位妈妈看到自己1岁大的儿子拿起梳子一下一下地梳理着自己的头发，这位妈妈吓了一跳，她说："我从来没有给我儿子梳过头。他的头发又细又直，即便不梳理也很整齐。当我看到他拿着梳子熟练地梳理头发的时候，我感到很吃惊，看起来他好像天生就会梳头。我感到很纳闷，我从来没有教过他这个动作，他是怎么学会的呢？"

这个小男孩当然不是生下来就会梳头的，他很有可能是在模仿妈妈梳头的动作。

孩子2岁的时候，模仿行为就会增多，大部分孩子开始对成年人如何使用物品很感兴趣，比如，他想学习爸爸妈妈是如何使用电话、钥匙和电视遥控器的。孩子上了幼儿园以后，就会模仿老师的语言和行为，比如模仿老师上课，他们回到家里在爸爸妈妈面前模仿幼儿园老师上课；或者跟小伙伴玩的时候，让其他小朋友当学生，自己当老师，一举一动扮演得有模有样。孩子天生就是模仿大师，他先对爸爸妈妈进行全方位的模仿，待模仿能力随着认知能力提高后，就开始模仿周围的人的行为，或者模仿电视里的人物。

3岁的时候，孩子已经意识到自己的性别，只玩男孩子或女孩子的玩具。男生模仿爸爸、爷爷或哥哥，而女生则模仿妈妈、奶奶或姐姐。女生会穿着妈妈的高跟鞋和裙子在镜子前端详自己，还会请求妈妈给自己涂指甲油和口红。男生尝试"读"报纸、"钉"钉子和做爸爸在家做的那些事。但是孩子这时还不是很清楚男性和女性的区别，所以男生也会让妈妈给自己涂口红，女生也会像爸爸一样"钉"钉子，这很大程度上取决于孩子在家看到的那些活生生的例子。例如，一个家庭里有一个小男孩（哥哥）和一个小女孩（妹妹），那么孩子们会更多地模仿男性；但是如果这个家庭只有一个男孩子，并且经常由妈妈带着，那么他会让妈妈给他涂口红或指甲油，只要告诉他，只有女孩子才涂口红，那么这种情况就不会再发生了。

相比其他人，孩子模仿最多的是自己的父母，因为父母是孩子情感的来源，不管正面的还是负面的。对于那些能让孩子情绪激动、吸引孩子注意力的人的行为，孩子会掌握得更好，类似的情况也发生在那些一起玩耍的孩子身上。

如果把两个不认识的2岁大的孩子放在一起，那么相对安静的那个孩子会模仿更积极、更自信的那个孩子。从这里可以得出一个结论：模仿是人追求社会认可、希望像另一个人一样或达到某些目的的无意识行为。这个结论不仅对小孩适用，对成年人也适用。要知道，人们看到比自己成功的朋友，会尽力去模仿。

模仿是学龄前孩子的主要学习方式，模仿让他们快速成长。孩子经常把自己的注意力聚集在父母的行为上，因此父母在孩子的成长过程中一定要注意以下几个方面：

1. 言语方面一定要谨慎

孩子每天接触最多的就是自己的父母，父母的言行对孩子的影响毋庸置疑。当你希望孩子说话温和礼貌时，自己是不是在生活中习惯说“谢谢”或“对不起”呢？当你希望孩子和同学友好相处时，自己有没有私下里谈论他人的是非呢？当你希望孩子真实、坦诚时，自己会不会在电话响起时告诉另一半“就说我不在”呢？

父母不良的语言习惯不但使孩子没有接受正面的影响，反而会让他养成说一套做一套的坏习惯。所以，父母一定要注意说话，言谈要谨慎，要符合你宣扬的正确价值观。

2. 你的行为造就孩子的行为

有一个男孩，他的爱好就是读书，如果他哪天没有读书，就会很难受。原来，阅读是他父母的一大爱好，他父母博学多闻，有丰富的知识储备和良好的个人修养。不难看出，有怎样的父母，就会有怎样的孩子。所以，一个勤劳的母亲，很难教育出懒惰的孩子；一个乐于为他人提供帮助的父亲，他的孩子也会自然而然地帮助别人；一个快乐幸福的家庭，很难看到孩子脸上会有阴霾……

如果你希望孩子成为什么样的人，自己首先就要成为这样的人。如果连你自己都做不到，那还有什么资格要求孩子呢？

3. 不忽略生活中的各种细节

有的孩子在上课时，打喷嚏的声音很响，尾音拖得很长，而且不懂得用手掩住口鼻。这个孩子打完喷嚏，大都会引发同学们的嬉笑，甚至遭到周围同学的嫌弃，因为他喷出的口水溅到了其他同学身上。能不能怪这个孩子呢？不能。因为没有人教给他如何打喷嚏。孩子很亲近的某位家庭成员很可能也会这样打喷嚏。也许有些父母认为，打喷嚏是一件不值一提的小事。不错，这是小事，而小事恰恰可以看出一个人的习惯，习惯影响了人的性格，而性格又决定了命运。通过打喷嚏这件事，人们就认为这样打喷嚏的人是个大大咧咧、不修边幅的人，性格很随意，不会考虑他人的感受。

做父母的可能还没有想到这种后果，当孩子们长大后，你们对他人诉说："我孩子运气不好，这次面试又没有成功。"这其实很正常，也许就在你说这句话时，你的孩子在面试官面前正无所顾忌地打着喷嚏，喷得面试官一脸口水，面试结果可想而知。

模仿是孩子们与生俱来的能力，孩子的表情、语气、语言、走路等都是通过模仿学来的，模仿对孩子来说是一项不可或缺的技能。因此，父母首先要以身作则，用自己的好形象给孩子树立一个好榜样。

父母是孩子的第一任老师

在我的从教生涯中，我遇到不少这样的家长：他们认为把孩子送到学校就“万事大吉”了，教育孩子是学校和老师的事情，与家长无关。其实，这种看法是完全错误的。家庭是孩子人生的第一所学校，父母则是孩子的第一任老师，教育孩子，不仅是学校和老师的事，家长的作用可能更大。

父母是孩子的第一任老师，是和孩子接触最多的人，父母的言行对孩子有着深远的影响。孩子从出生起，会本能地模仿和他们接触时间最长的人以及和他们最为亲近的人，因此，孩子表现出来的一些性格、品行总能在父母身上找到根源。实际上，随着孩子的成长，父母好的形象能为子女树立很好的榜样。

文天祥是抗元英雄和爱国诗人。他自小勤奋好学，饱读诗书，不仅颇有文学修养，还具有正直、坚忍、清廉等高尚的品质。当国家被元兵侵略时，文天祥召集义军坚决抵抗，失败后英勇就义，留下了《正气歌》《过零丁洋》等伟大诗作。

文天祥的父亲文仪酷爱读书，兴趣广泛，上知天文，下知地理，性格豁达，注重道义，是一位乐善好施的乡间儒士，他教育孩子必须修身立志，忠贞不屈。文天祥的母亲叫曾德慈，为人善良贤惠，知书达理。文天祥在父母的培养和熏陶下，成为一个学识渊博、志行高洁的人，最后成为拥有竹子一样坚忍不拔气节的英雄。他的“人生自古谁无死，留取丹心照汗青”是千古名言，激励着一代又一代中华儿女献身于国家富强、民族自由的正义事业，为民族抛头颅、洒热血，奋斗不息。

在家庭教育中，父母一定要为孩子树立好的榜样。在童年时期，孩子的个性、品德逐渐开始形成，此时孩子的主要学习方式就是模仿，他们模仿大人的一言一行。因此，父母的行为方式会直接影响孩子，甚至被孩子全盘复制。我国的传统启蒙教材《三字经》中说“养不教，父之过”，充分说明了家庭教育在孩子成长过程中所起到的重要作用。

1. 父母自身修养好，能够使孩子受到潜移默化的影响

父母在日常生活中的一言一语、一举一动都在教育和影响着孩子，这比说教更见成效。

有个男孩在5岁大时，他的妈妈秦女士接到了朋友打来的一个电话，朋友在电话里向她哭诉自己的遭遇。秦女士安慰朋友说：“别哭了，擦擦眼泪，问题总可以解决的。”

过了没多久，在一次家长会上，幼儿园老师对秦女士说：“每当有小朋友哭着要回家的时候，您的孩子就会走过去劝说：‘不要哭了，一会儿就放学了，马上就可以回家见爸爸妈妈了。’他一边劝一边还给小朋友擦眼泪。不知道他是从哪里学到的，真懂事。”秦女士闻听，恍然大悟，肯定是自己劝朋友的情景印在了儿子心里。

还有一次，为答谢一位朋友，秦女士在与朋友交谈时，多次用到了“感谢”一词。第二天，秦女士在给儿子递东西时，儿子竟然说了声：“谢谢妈妈！”

经过这两件事，秦女士意识到了家长的言行对孩子有很大的影响力。她认为，学龄前的孩子接纳、学习新知识的能力特别强，父母千万不要低估“身教”的力量。父母自己身正，孩子就会很好教，甚至不用教。

后来，这个男孩以优异的成绩被清华大学录取，在本科毕业时保研继续在清华大学攻读硕士。男孩成功的背后固然有自己的勤奋努力，但与父母的教育也是分不开的。

不少父母都有这种感受，在许多事情上，孩子竟然能无师自通。其实，孩子能最细致地领会到父母的思想和感情，最善于模仿和学习大人的言行，父母的想法和做法都瞒不过孩子的眼睛。

孔子曾说：“其身正，不令而行；其身不正，虽令不从。”这句话的意思是说，自身端正，不用命令人们就会遵行；自身不端正，虽发命令也没有人听从。这充分说明了身教非常重要，比言教更容易让人接受。教育孩子也是一样的道理，父母只有端正了自己的行为，才会在教育孩子时产生“随风潜入夜，润物细无声”的良好效果。

2. 父母要在孩子面前始终保持良好的形象

作为父母，当你面对孩子时，你可能会忽视自己的形象对孩子的影响，毫不顾及自己在孩子面前扮演的是什么角色。这是父母们最容易犯的一个错误，这个错误可能会让你失去做父母的资格，以致痛悔终生。

下面我们来看这样一个例子:

小刚的爷爷72岁了,经常口水鼻涕不停地流。小刚的妈妈嫌他脏,不和他同桌吃饭。

有一次,爷爷不小心把饭碗打碎了,妈妈破口大骂:“老不死的,以后给你一只木碗吃饭算了,免得你总是把饭碗打碎!”

几天后,爸爸妈妈发现小刚在削一块木头,就问小刚在干什么。小刚回答说:“我在做一个木碗,等你们老了你们就用它吃饭,免得把瓷碗打碎了。”爸爸妈妈听了儿子的话,面面相觑,感到十分羞愧。从那以后,妈妈就让小刚的爷爷和他们同桌吃饭了。

由这个例子可知,所有为人父母者应注意自己的形象和修养对孩子的影响,这对孩子的教育甚至具有决定意义。不要以为只有同孩子谈话,或教导孩子、吩咐孩子的时候,才是在教育孩子,其实,在生活的每一瞬间,我们都在潜移默化地影响和教育孩子。

3. 父母要注意做到言行一致

教育孩子时,我们说出来的道理,自己首先要做到,千万不能说一套做一套。如果父母给孩子讲得头头是道,而自己做的却是另一回事,孩子自然就不会信服,就难以达到教育的目的。

不妨看两个生活镜头:

镜头一:

一位年轻的妈妈和儿子在公园里玩耍,妈妈指着地上的易拉罐对儿子说:“看,有的人喝完饮料后随手把易拉罐扔到地上,真是没有素质啊!”说完,这位妈妈将易拉罐一脚踢到了旁边的草坪里。

镜头二:

一位父亲教女儿背古诗。父亲说:“锄禾日当午,汗滴禾下土。”女儿说:“爸爸,我手里的面包吃不完了!”父亲说:“吃不完就扔掉吧!”

作为父母,千万不能只重视言教而忽视身教,只有父母言行一致,才能在思想品德和行为习惯方面为孩子做出表率。

4. 要求孩子做到的,自己也要做到

父母要给孩子树立榜样,自己先要身正为范,为孩子树立好的榜样。

小强今年上小学三年级,他有一个明显的缺点,就是特别喜欢打架和说脏话。

有一天,小强和班里一名男生发生了矛盾,他接连骂了对方几句难听的话。那个男生怒了,就动手打了他一拳。于是小强连打带骂,将那个男生打得口鼻出血,被同学拉开才罢休。

事后,小强的爸爸被叫到了学校。小强的爸爸了解了情况后,挥手打了儿子一个嘴巴,嘴里还骂骂咧咧:“你这个臭小子,一天到晚惹是生非,你小子是活腻歪了啊,信不信我打死你?真是个猪头。”小强的爸爸气急败坏,全然不顾围观的同学和老师。

老师上前制止了小强的爸爸,请他坐下来,耐心地和孩子交流。

“以后别再骂人了,不许打架,知道吗?你这个不争气的东西!”小强的爸爸火气渐消,但依然教训着儿子。

小强听到爸爸的话,不服气地低声嘟囔:“你可以骂人,为什么我就不行?”

小强的爸爸听到儿子的话,回头怒视着他:“你说什么?再说一遍!”

老师见此情况,赶紧说:“小强,你先回去。”然后让小强的爸爸坐下来,和他聊起了孩子的教育问题。

父母要重视自己对孩子的影响,凡是要求孩子遵守的行为准则,父母首先要做到,才能理直气壮地要求和督促孩子,孩子也才会心服口服。

著名教育家马卡连柯认为,父母自身的行为在教育上具有决定性的意义。在他看来,父母对自己的要求,对自己家庭的尊敬,对自己一举一动的检点,才是首要的和基本的教育方法。父母如果能明白这些,并在生活中都能做到,那么教育孩子真的一点儿都不难。

老师是孩子的一面镜子

老师的一言一行对孩子也有很大的影响,可以说老师是孩子的一面镜子。老师的教育不在于让学生乖乖听话,关键在于老师的行为有感染力、有威信,所以,老师应该以身作则,给孩子做出表率。

对于孩子来说,老师是一面镜子,老师很希望能在孩子身上看到自己的影像,看到自己被尊重的影像。老师要尊重每一个孩子,不要因为孩子有某些不好的行为而不尊重他们。有些老师在批评孩子的时候,当着很多人的面大声训斥孩子,这样的老师根本没有注意到孩子的感受，没有尊重孩子，会让孩子产生“破罐子破摔”的心理。老师只有尊重每一个孩子，孩子才能尊重老师。老师要学着蹲下来了解孩子，蹲下来倾听孩子的心声，这样孩子才能向老师学习，以后孩子走入社会时也会学着老师的样子去尊重别人了。

有一位班主任的“身教”事例很值得一提。

赵老师今年新接手的班级十分棘手：人数多，差生多，坏习惯也多。最让赵老师感到不舒服的是教室卫生，学生们随手丢垃圾。虽然赵老师三令五申，但是效果还是不明显。为此，赵老师特意召开了一次主题班会，从理想、纪律到人生观、价值观，从习惯养成到做人的道理，反复去讲，甚至让学生表态。班会过后，虽然短期内有所好转，但没过多久，教室里又是一片狼藉。为此，赵老师伤透了脑筋。

一天，赵老师决定改变原来的做法，从自己做起。每次进班级，他总是主动将地上的垃圾捡起来放进纸篓；上课时，如果不慎将粉笔头掉在地上，就主动将其捡起。一次、两次、三次，功夫不负有心人，老师的行为终于感动了学生，学生们深感惭愧。当老师弯腰捡垃圾时，他欣喜地发现学生们都争先恐后地将周边的垃圾捡得一干二净。没过多久，学生们乱丢垃圾的坏习惯终于改正过来了，班级的“顽症”终于根治了。

这个例子说明，老师必须从各个方面以身作则，给孩子做出表率，才能引导孩子，健全孩子的人格，使其养成良好的品格。

为此，老师应在教学过程中做到以下几个方面：

1. 为师有道

所谓为师有道，就是要求老师具备崇高的师德。老师对学生的影响不仅包括精湛的教学技能，还包括老师的人格魅力。事实上，老师在教学中不仅是在用教材教学生，他们自己更是一部活生生的教材，他们的思想、言行和品格都对学生有着非常重要的影响。老师职业道德水准高低是决定其教育成败的重要因素。只有师德高尚，老师才能引导学生形成正确的人生观和价值观。

2. **为教有法**

在教学过程中，老师必须做到为教有法。这就要求老师在教学过程中，要遵循教育规律和学生身心发展规律，不仅要为学生学习打下坚实的基础，还要拓展学生的知识面，拓宽学生的视野，将知识与实际相结合，培养学生独立思考的能力；根据学生的个性差异和不同的学习能力，采用有针对性的教学方法解决学生的学习问题；老师不能简单地向学生灌输知识，而是要通过各种方式激发学生的学习兴趣，培养学生主动学习的能力。

3. **育人有本**

“了解要培养什么样的人”，对于一名老师来说是非常重要的。老师站在学生前面，就是要为学生指引方向，发挥其引导、示范作用，培养学生正确的人生观、价值观；站在学生后面，就是要为学生提供助力，发挥其助推、帮扶作用，使每个学生都能够找到自信；站在学生旁边，就是要守护学生，发挥其观察者、旁观者、诊断者、守护者的作用，及时发现问题，指导并解决问题，老师应在学生的学习中注入兴趣、动机和策略，让学生享受学习的乐趣，从而把握学科特质，提升活动品质，锻造教学气质；用发展、系统的眼光看待每一个学生，激发每一个学生的潜能，促进学生全面发展；并通过耐心提示、纠偏、校正，引导学生走到正确的轨道上来。

4. **立身有术**

老师应当将正能量传递给周围的人，以此来获得学生的喜爱、同事的尊重、社会的认可，成为一名有魅力的老师。要想成为一名这样的老师，就应该“化身”为四种人：

一是灵魂的化身。老师作为人类灵魂的工程师，要努力提高自身的道德素质和道德修养，树立正确的世界观、人生观、价值观，传输给学生正确的价值取向；要具备高尚的情操，在教学实践中努力探索教育教学规律，不断提升自己，改进教学方法。

二是智慧的化身。作为一名老师，就应该是一个有智慧的人，不但博学多才，还应该散发着人格和智慧的魅力。老师拥有智慧才能教育好学生，因此，老师必须要拥有教育的智慧。

三是力量的化身。老师这一职业是崇高的、伟大的。老师要具备向上、向善的力量，为教育事业的可持续发展提供强大的动力。

四是艺术的化身。教育也是一门艺术，老师在进行教育教学工作时，要充分运用教学艺术激发学生的创造力和想象力，鼓励学生求真、求善、求美，尊重知识，热爱科学，热爱劳动，热爱生活。

5. 为学有品

老师要不断地学习、实践、总结、提高，而不是停留在经验和已有知识的层次上。为此，老师应做到以下五个方面：

一是善于学习。一名优秀老师的知识结构应该包括三个部分：深厚的学科专业知识、广阔的人文视野和深厚的教育理论。老师想要提高教育技巧，就要持之以恒地学习，不断地积累知识，并及时对自己的教学方法进行反思和总结。

二是善于思考。美国著名心理学家波斯纳曾经提出了一个公式：教师成长=经验+反思。学会反思教学，能让老师理性地思考问题，从而提高教育教学效率。如果一个老师仅仅只满足于眼前获得的经验，而不对获得的经验进行深入思考，那么，这个老师就可能永远只能在新手老师的水准上停留了。

三是善于实践。在老师的专业成长过程中，就应该做到在“学中用”“用中学”“学中研”，即在教学工作中不断地学习、实践、研究，这是实现自身成长的最好方式。

四是善于总结。老师在完成教学任务后，要及时总结教学得失，并全面、系统地了解以往的教学工作情况。老师只有正确认识自己以往教学工作中的优缺点，才能够明确下一步的教学方向，以免走弯路、犯错误，从而提高教学效率。

五是善于创新。作为一名合格的老师，需要成为一名审视者、反思者、学习者。时代在不断地进步，老师不能只抱着旧的教育观念，要学会与时俱进，不断创新自己的教学手段和教学方法。

6. 为人有爱

教育是爱的事业，老师必须要爱教育、爱学生，并且不辞辛苦地从事教育教学工作。这既是对老师这一职业的基本要求，也是衡量一名合格老师的主要指标。每一名学生都渴望得到老师的爱，老师的爱能给他们带来巨大的力量。因此，老师应更加关注学生的成长和发展，始终从学生的成长出发，充分了解学生的思想、学习和生活，关心学生，爱护学生；关心学生身心健康成长，解决学生在学习和生活中遇到的困难，公平地对待每一个学生；尊重和信任学生，使学生能够自立、自爱、自信、自强，成为一名全面发展的优秀青少年。如果老师做到了这些，就可以让学生觉得教育是温暖的，他们就会产生愉悦之情和感激之情，从而更加努力地学习，快乐健康地成长。

老师是孩子的一面镜子，老师要以身作则，以良好的德行引导学生，以高尚的情操感化学生，时刻发挥出老师的榜样示范作用。只有这样，才能做一名合格的人民教师，用自己的一言一行影响学生、熏陶学生，赢得家长和学生的尊重。

正向引导，帮助孩子形成健康的人格

健康人格是指各种良好人格特征在个体身上的集中体现。健康人格的形成离不开父母的熏陶，因此，父母要在性格、气质、能力、道德品质等方面具有强大的吸引力，帮助孩子形成健康的人格。

部分父母常将孩子的教育等同于单纯的知识教育，认为孩子学习了足够多的知识，才能更好地衔接学校教育，孩子在学校的表现才会优秀。这样的看法没有错，但失之偏颇。其实，家庭教育要重视智育，更要重视德育，尤其要重视对孩子健全人格的培养。培养孩子健全的人格，是对孩子打基础利长远的教育，对孩子的成长、对孩子的一生所起的作用是无可估量的。“父母之爱子，则为之计深远”，父母要改变对孩子重智育轻德育的做法，适时努力培养孩子健全的人格，这项工作既耽误不得，更荒废不得。

人格教育缺失的孩子，在学校里很容易成为“问题学生”，与家长和老师的期望背道而驰。随着孩子年龄的增长，孩子的问题会更加严重，缺失的人格教育在学校里很难补回来，因为这原本就是家庭教育的重要内容。

诸葛亮是三国时期蜀国的政治家、军事家和外交家，他“鞠躬尽瘁，死而后已”的高尚品格，千百年来一直被人们敬仰和怀念。

诸葛亮一直以崇高的人格修养熏陶着他的子女。他主张“勤以修身，俭以养德”，平时勤于政事、尽忠职守、刚正不阿。他自己虽贵为蜀相，但绝不倚仗权位增值私产，封妻荫子。而且，他还经常把儿子送到艰苦的环境中锻炼。他绝不偏袒亲属，知道侄儿无力担当重任，则主动要求将其调离。他认为只有在宁静中才能涵养身心，在淡泊中才能培养德行。他经常提醒儿女戒骄戒躁，“慕先贤”而立“高远之志”。

在他潜移默化的影响下，子女们都养成了公正、勤俭、坚忍的人格品性。长子诸葛乔成为蜀国大将；次子诸葛瞻尽忠报国，战死疆场；三子诸葛怀终身不仕新主。

了解诸葛亮事迹的人，无不为他的智慧而赞叹，更为他“鞠躬尽瘁，死而后已”的精神而动容。在生活中，我们肯定也有过因某人的举动而感动的经历，他们的行为触动了我们的心弦，使我们心生敬佩和感动。在那个时刻，我们心底的“无私”之心也被激发了出来。

有人说，孩子的心灵是一块神奇的土地，播上思想的种子，就会有行为的收获；播上行为的种子，就会有习惯的收获；播上习惯的种子，就会有品德的收获；播上品德的种子，就会有命运的收获。孩子在日常生活中深受父母的影响，因此，父母都要严格要求自己，做孩子的表率，努力培养孩子的好品德，为开拓他们的美好前程积极创造条件，同时也使自己成为一个高尚的人。

那么如何正向引导，使孩子形成健康人格呢？

1. 积极引导孩子，让孩子行为举止优雅得体

曾有一位教育专家的微博下面有这样几条留言：

网友A留言:“我女儿简直太无礼了,小时候太娇惯,导致现在非常淘气,行为粗暴、很有攻击性。平时还算乖巧懂事,要是赶上她情绪不好,稍微不顺心就会乱发脾气,还摔东西,真是让人头疼。我只要说上几句,就和我大吵大闹,没完没了。”

网友B留言:“我家孩子,每天都是莽莽撞撞,不是磕这儿就是碰那儿,在家里和家里人吵架,到学校和小朋友发生冲突,还总和老师顶嘴。”

网友C留言:“我希望孩子举止得体,但他总是张牙舞爪的,真没办法。”

从上面的留言中可知,现实生活中,“野孩子”是父母、老师都深感头疼的人,是亟待解决的一个教育问题。让孩子行为举止优雅得体,是许多父母和老师所期望的,也是家庭教育和学校教育的重要内容。事实证明,凡是彬彬有礼、待人谦和、衣着大方得体、谈吐高雅不俗的人,一般都有良好的人际关系,更容易受到大家的喜爱和尊重,更容易取得事业上的成功。因此,父母和老师一定要从自身做起,为孩子树立一个好榜样。

2. 让孩子设身处地为别人着想

一天,女儿放学回到家,一句话都没有说。我看女儿的情绪不太好,以为她生病了,就问女儿哪里不舒服。

女儿听我这么问,就小声地抽泣起来。我有些担心,询问女儿到底发生了什么事。女儿哭着告诉我说:“班上有个同学患了白血病,治疗要花很多钱,可是他家里没有那么多钱。”

我明白了女儿的意思,问道:“咱们能否给他捐些钱看病呢？”

“能。”

“那你别哭了，你说捐多少，我们就捐多少。”我劝女儿道。

“我不是因为这个哭，一想到他爸妈担心的样子，我就想哭。”后来，女儿把自己储蓄罐里的钱全部捐了出来，我和丈夫也捐了钱。

只有学会站在他人的立场、角度去考虑问题，才会理解他人的想法和行为，才会对他人的痛苦感同身受，才会做出一些善良的举动。在孩子很小的时候，就要教他做个善良的人，学会设身处地为别人着想。只有这样，孩子才能对别人的苦难感同身受，伸出友善之手。

3. 把爱心教育放在第一位

一天，我带着女儿逛街，看见一个十几岁的小女孩跪在路边，面前放着一个纸盒，下面压着一张纸，写着“求钱给母亲看病”。纸上的字女儿当时认不全，但隐约明白是怎么回事。

女儿拽了一下我的手，示意我去看看。我问她：“你是不是想帮助这位可怜的大姐姐？”女儿点了点头。我掏出一块钱递给女儿，她转身将钱放到了跪地乞讨的女孩面前的纸盒子里。

爱是人类最美丽的语言，孩子的爱心就像是春天播下的种子，只有对孩子进行爱心教育，才能让孩子学会体贴别人、关心他人。有了这样的爱心并延续下去，孩子将来一定可以成为一个善良的人。

4. 将家庭教育与学校教育相结合

如今，许多家长往往重视孩子的学校教育，而轻视或忽略家庭教育,他们觉得只有学校教育才会对孩子的成长起作用,而在家里即使不管不问也不会对孩子有多少影响。殊不知,学校教育重要,家庭教育同样重要。要是把学校教育和家庭教育用一个算式列出来,那就是 5+2,结果是:家长在学校教育的基础上进一步延伸、点拨,那么 5+2 就可能等于或大于 7;如果家长忽视家庭教育,对孩子放任自流,那么 5+2 肯定会小于 7;如果家长在家庭教育中给予孩子错误的教育和不良的影响,那么 5+2 可能等于 0。也就是说,错误的教育和不良的影响可能会毁掉一个孩子。

比如,老师教育孩子要有爱心,可家长偏偏对弱势群体视而不见,还讽刺孩子的“爱心”为傻气;老师教育孩子要尊敬老人,可家长在公交车上却偏偏不给老人让座;老师教育孩子不要沉溺于网络游戏,可家长偏偏一回到家就玩游戏;老师教育孩子要诚实,可家长偏偏喜欢说谎。在这样的家庭环境下,孩子怎么能成为一个优秀的人才呢?

因为年龄和阅历的关系,孩子尚未建立起正确的人生观、价值观,他分不清到底是家长说的对,还是老师说的对。于是,老师用了 5 天的努力,好不容易才在孩子心中形成的正确认知,一下子就被家长用 2 天截然相反的教育削弱了,甚至扭曲了。本来学校教育和家庭教育就是一个不可分割的整体,如果出现家庭教育缺失或家庭教育与学校教育相违背,那么,带来的教育结果就只能是 $5+2<7$,甚至 $5+2=0$。所以,父母只有将家庭教育与学校教育有机地结合在一起,尽量使自己的观点与老师的观点保持一致(如果老师的某一说法有失偏颇,家长可予以纠正,但绝不能贬低老师),那样才能使孩子朝着 $5+2>7$ 的方向发展。

总而言之,要想让孩子成才,就必须从小对他们进行正确教育,这是所有父母必须努力做到的。因此,父母要注意自己的一言一行,从而引导孩子具备健康的人格。

CHAPTER 2

第二章

教孩子，需要换个思维方式

用欣赏的眼光看孩子

父母发自内心的欣赏会使孩子在成长的道路上充满动力。如果父母老是盯着孩子的缺点，对孩子的教育缺乏耐心和信心，将会导致孩子往消极的方向发展。父母应该用心发现他们的优点，及时加以肯定和鼓励。

搞教育的人都懂得一个道理：好孩子是夸出来的，好学生是表扬出来的。我的班上曾经有一名男生不爱学习，基础也差，后来我经常在课堂上向他提问，鼓励他思考回答问题，不管他能否回答正确，我都会对他进行表扬。后来，这名男生慢慢发生了改变：学习越来越认真了，回答问题越来越积极了。我让他当了课代表，从那以后，他变得更加自信了，半年以后，这名男生的学习有了很大的进步，令所有人都对他刮目相看。我相信，我对他的鼓励和表扬是促使他改变的动力。在教育工作中，我深深体会到：对学生进行赏识教育，是激发学生潜能的最好方法，是促使学生自信自强、走向成功的有效途径，它所产生的教育效果往往出乎我们的意料。

我相信，赏识教育在家庭教育中同样是有效的。从心理学的角度讲，人在成长过程中需要不断地得到表扬与鼓励，这是一种正当的、正常的、不可或缺的需求，成年人如此，孩子更是如此。

父母都望子成龙，都希望孩子出类拔萃，但是，孩子都不愿意听到父母的批评，他们更希望得到父母的赏识。孩子会因为父母的赏识变得更加自信、积极，之后会做得更好；经常受到批评的孩子会产生自卑的心理，还会产生与父母对立的情绪，久而久之就会慢慢丧失身上的优点，学习成绩也下降了，与父母的期望大相径庭。

一个人的成功是由许多因素造成的，父母不应该只看学习成绩，还应关注孩子各方面的能力、素质、品质等。孩子的优点有很多，哪怕是在孩子的缺点中都能找到值得赞扬的地方。

父母要善于发现孩子的优点，并把这些优点放大去看，哪怕孩子只有一点很小的进步都要及时表扬，以此增加孩子的兴趣与自信。同时，父母还应该鼓励孩子把优点发扬下去，引导孩子改正缺点，激励孩子挖掘自身的潜力，帮助孩子打下成功的基础。

一位老师在教学过程中，就遇到一个令人头痛的男孩，后来在老师的欣赏下有所改变。

小志是个转校生，刚刚转到新学校的时候，非常不安分，经常在班上调皮捣蛋。有时候老师正在上课，他故意把桌椅弄出声音来，扰乱课堂秩序；有时候还会往同学的课桌上粘嚼过的口香糖；有时候还会跟别人打架。面对这个令人头痛的“调皮大王”，老师并没有嫌弃他、责骂他，而是耐心地寻找症结所在。

原来，小志的父母长年在外地经商，缺少家庭温暖的小志便想用这种方式引起别人的关注。老师了解到这些情况后，在平时上课时，对小志给予了更多的关注，提问的时候经常向他投去鼓励的目光。小志的作文写得好，老师就经常在班上夸他；他犯了错误，老师也不当着全班同学的面批评他，而是在课下耐心地与他进行沟通……这样过了一个多月，小志渐渐变了，摆脱了“调皮大王”的形象。

每个孩子都希望自己被赏识，只要父母愿意用一双充满爱的眼睛去欣赏孩子，并且放大孩子的优点进行表扬和激励，最终会使平凡的孩子变得优秀，使优秀的孩子更加优秀。

1. 不要拿孩子的缺点与别人的优点进行比较

父母如果经常拿孩子的缺点与别人的优点进行比较，所看到的就都是孩子的缺点，然后对孩子横加指责，这样不但对孩子不公平，教育方式也不科学，有百害而无一利。

小洁今年10岁，上小学四年级，各方面的表现都很突出。小洁之所以如此优秀，与父母对她的良好教育方式密不可分。

小洁以前的学习成绩不是很好，而且习惯也不是很好，做事总是慢腾腾的，但小洁的父母没有拿自家孩子与别的孩子进行比较。他们对小洁的学习成绩和做事磨蹭的习惯，从不指责，而是适时地鼓励她好好学习，教给她科学的学习方法，告诉她时间的重要性，督促她提高做事效率。

小洁在父母正确的引导下，慢慢地认识到了自己的缺点，并积极地加以改正，学习成绩逐渐提高了，做事效率也提高了。

为人父母者应当更多地发现孩子的优点，并及时地对孩子进行赞赏与鼓励，让孩子不断进步，不断完善自己。

2. 眼光要关注孩子的长处

父母具有发现孩子优点的眼光，就能够不断发现孩子身上的闪光点,并经常对其进行赞扬与鼓励,这样会使孩子心情愉悦,健康快乐。

晓明上小学三年级了,是个性格很开朗的孩子,平时活泼好动、爱说爱笑。晓明同别的孩子一样,优点与缺点并存,但在父母的眼里,他却是一个独一无二的好孩子。晓明的父母善于发现他的优点,经常以欣赏的眼光看他,并总是夸奖他。

在父母欣赏的眼光中,晓明对自己充满了自信,笑意经常挂在脸上,是一个十分快乐的孩子。

父母要多关注孩子的长处,并及时进行表扬和鼓励,让孩子在快乐的心情下学习、成长,孩子的人生就会充满阳光。

3. 从孩子的缺点中发现优点

孩子往往优点与缺点共存。在孩子的缺点中,父母要善于发现优点,在赞美孩子优点的同时引导孩子改掉缺点。

果果今年7岁,是个慢性子,做什么事都是慢腾腾的,有时虽然父母对他百般催促,但她依然慢条斯理地去做。父母急了就强行中断孩子手头的事,但是果果很倔强,一定要把它做完。

后来,果果的父母认识到孩子"慢"这个缺点中潜藏着一个优点,就是果果不管做什么,都会尽最大的努力坚持把它完成,态度非常认真,做事非常细心、专注,而且他每件事都做得很好。从那之后,果果的父母不再指责他做事慢了,反而赞扬他锲而不舍的精神,赞扬他认真细心的态度,同时引导他注意提高效率。果果在父母的肯定与引导下,做事情不但坚持到底,效率也越来越高了。

孩子得到了父母的肯定,就会感到很高兴,对父母提出的改正缺点的意见,也会易于接受并努力改正,这比一味地对孩子的缺点进行指责的效果要好得多,同时也能帮助孩子把优点保持下去。

4. 发现孩子的优点并放大去看

父母要善于发现孩子的优点,并通过夸赞放大它,孩子就会变得越来越优秀。

小泽的父母非常善于发现小泽身上的优点,并且放大去看,这一做法使孩子可能消失的细小优点变成了实实在在的大优点。

小泽注意力不集中,很容易被外界的东西吸引,上课也不能专心,他的父母很着急。有一次,妈妈发现儿子看漫画很专心,并且注意力长时间都非常集中,这令她很开心。妈妈赞扬小泽比同龄孩子的注意力更强、专注时间更长,还鼓励小泽排除外界的干扰,把这个优点发扬出来。小泽听后,自觉地按照妈妈说的去做,慢慢地就能够集中注意力去做事情。

父母发现孩子的优点并放大去看,孩子就会有很大的成就感,会有更大的动力去继续努力。孩子的成长不是一蹴而就的,而是一个循序渐进的过程。家长在与孩子交流的时候,若能表现出对孩子的欣赏,就会带给孩子满足感和成就感,使孩子对自己产生信心,坦然面对成长道路上的挫折和困难。

赏识孩子的每一个进步

我国著名青少年教育专家孙云晓说："赏识教育给人的是一个法宝，让你由失败走向成功，由痛苦走向幸福。"家长要学会看到孩子的优点，赏识孩子的每一个进步，让孩子能够在父母的鼓励中获得进步的力量，让孩子在自信、鼓励中不断提高，不断进步！

曾经有一位学生在私下里对我说："老师，您对我不经意间的一句赞美，都会让我开心很多天。如果我的父母能够像您一样经常赞美我，而不是经常板着脸训斥我，那我该多么幸福啊！"

由此可见，孩子的内心是需要家长的赞美和鼓励的。家长要学会表扬孩子，赏识孩子。表扬是对孩子积极行为的认可，得到父母的表扬，孩子的内心是非常高兴的，他以后就会自觉地要求自己做得更好。因此，不管是孩子做了好事，还是学习上有了进步，家长都应该有意识地予以表扬，这样一来就可以很好地鼓励这个孩子继续朝着积极的方向努力。

请设想一下，在上学期间，孩子经过一天的学校生活，回到家里，面对的是数落和唠叨，他的心情会怎样？他会失去在家庭中学习的乐趣。如果孩子遇到的是一张微笑的脸，得到的是赞赏、夸奖、鼓励，他的心情一定会特别好，学习积极性就有可能被充分调动起来。

父母千万别觉得孩子的进步太小，不值得一提，那样会让孩子觉得自己的进步得不到父母的承认，长此以往，孩子就会失去前进的动力。所以，只要孩子有所进步，父母就应毫不吝啬地给予夸奖。如果孩子没有进步，就给予孩子真诚的鼓励。

1. 肯定孩子的努力与收获

如果一道比较难的数学题，孩子通过冥思苦想，终于想出了解答方法，当他运算的时候，却因为马虎，算错了一个数字，最后导致整个题目的答案错了，这时，父母应该怎么做？是训斥孩子算错了，还是表扬孩子找到了解题的方法？许多父母可能会首先想到前者，他们只看到孩子的结果做错了，而没有看到孩子的努力与收获。所以，当父母觉得孩子错了，想要责骂他的时候，一定要从另一面去发现孩子的进步。有时候，也许孩子没有达到你期望的结果，但是其间所付出的努力和收获却是宝贵的，是同样值得表扬的。

作为父母，应该肯定孩子的努力，对孩子的努力给予最热情的支持和鼓励。为人父母者不要因为孩子的不聪明而气馁，而应该为孩子的努力而欢欣。很多时候，父母应该故意淡忘孩子的聪明，而重视孩子的努力，并把这种理念传递给孩子，让他们感觉到只有努力才能获得父母的认可和夸奖，进而逐步明白一个道理：聪明往往只能决定一时的成败，而努力则决定了一生的命运。

2. 夸奖孩子要具体

父母对孩子的进步要给予细致具体的夸奖，让孩子明白自己什么地方做得好，强化孩子的进步意识，以便能长期保持下去。这不仅能增加孩子对父母的信任，也能增强夸奖的效果。

畅畅酷爱打乒乓球，在学校举办的小学组乒乓球比赛中，他取得了第一名的好成绩，可是他得的第一名太多了，每次比赛后都会赢得别人的夸奖。同学说："有了你，咱们班在乒乓球比赛中就所向披靡了。"老师说："以后乒乓球比赛咱们班就靠你了。"久而久之，畅畅对于这样的夸奖似乎无动于衷了。

一天，畅畅回到家，觉得疲惫不堪，妈妈对他说："孩子，你今天的发型挺帅的。"这可是畅畅第一次听到有人夸自己发型帅，他顿时忘记了疲惫。因为妈妈注意到了别人没有注意到的细节，让他感到很兴奋。

父母在表扬孩子时，要突出细节，抓住细微处进行夸奖，会让孩子觉得父母对他很重视，从而调动起孩子的积极性。

3. 讲究夸奖的方式

父母要想取得好的教育效果，就必须讲究夸奖的方式。恰当的夸奖方式能培养孩子的上进意识，让孩子越来越棒。

今天是可可6岁的生日，亲戚朋友送给了他许多生日礼物，有布娃娃、机器人、小贺卡等，可可心里很高兴。可可觉得最好的生日礼物却是妈妈的话："可可这一年的进步特别大，完全就是个小大人了。不仅学习有了进步，还懂得帮妈妈做家务。"可可听了心里美滋滋的。吃完饭，他主动帮助妈妈整理餐桌。妈妈趁机拿出他喜爱的玩具作为对他额外的奖励。

一个微笑，一个拥抱，为孩子购买他喜欢的书籍、衣服、玩具，胜过无数句言语，是对孩子最好的奖励。只要父母掌握这些简单的方式，就会让教育的效果变得更好。

4. 夸奖孩子要及时

每个人都非常希望获得父母的认同。作为孩子，他们通过努力，在学习或者比赛中取得好成绩，这是多么值得父母骄傲的事情。这时候，父母应该为孩子感到高兴，应该及时给予热情的赞扬，让他们感觉到父母为他们的出色表现感到骄傲！

清阳今年10岁了。一天，清阳一进门就兴高采烈地对妈妈说："妈妈，我今天跳高得了第一名。"

"你身体又不是特别好，那么拼干什么？"正在厨房里忙碌的妈妈随口说道。

"今天我们班上体育课，进行跳高比赛。我是跳得最高的，老师夸我很有运动天赋呢！"清阳跑到厨房门口得意地说。

"哦，知道了。你作业写完了吗？赶快去做作业吧！我现在忙着做饭，你就不要给我添乱了！"妈妈好像没有听到清阳说的话，并表现出一副不耐烦的样子催促清阳做作业。

听到妈妈这么说，清阳刚进门的高兴劲儿一下子就没了，闷闷不乐地坐在沙发上。他不明白为什么自己得了第一名，妈妈却一点儿都不高兴，更没有夸奖他。

这时，爸爸回来了。爸爸发现清阳很不高兴，就问他："怎么了？有什么不开心的事情吗？"

"爸爸，我今天跳高得了第一名，老师都夸奖我了，可是妈妈却一点儿都不高兴。"清阳很委屈地对爸爸说。

"是吗？你得了第一名，真厉害！和爸爸说说你是怎么得的第一名。"爸爸高兴地问。

"体育老师让我们分两组，男生一组，女生一组。男生组里我跳得最高，他们都不如我，你都想象不到我当时有多帅！”

“真是好样的，等会儿吃饭的时候一定要多吃点，这样才能让身体更强壮，以后还要得第一名，好吗？”

“嗯，我以后还要得第一名。”清阳高兴地跑到饭桌旁边，等待吃饭了。

有时候，孩子需要的是父母一句赞扬的话，需要父母重视和关心自己。如果父母没有对孩子的成绩进行及时的关注，会让孩子感到失望，而这种失望很可能会让他们失去继续努力的动力。因此，当孩子通过努力取得进步时，父母要毫不犹豫地送上夸奖，这样能调动孩子的积极性，让他们向更高的目标冲刺。

父母必须清楚，孩子的思维逻辑比较简单，他们可能还认识不到事情的前因和后果是紧密联系在一起的，所以对于孩子而言，及时的赞美非常重要。否则，父母时隔久远才夸奖孩子，孩子会纳闷自己为什么受到夸奖。这种“迟到的赞美”其实很难达到鼓励孩子的目的。父母要想培养孩子的某种好习惯，就要及时对孩子进行表扬，让孩子强化夸奖给他带来的心理上的满足感。只要父母用心去观察，就会发现孩子有很多地方值得夸奖，而夸奖孩子是有时效性的，否则就难以达到目的。因此，当父母发现了孩子的进步，就不要吝啬夸奖，也不要拖延时间。

总而言之，生活在赏识中的孩子，能拥有满满的自信，他们会在一次次的成功和失败中，愿意不断尝试，不断积蓄自己的能量，提高自己的竞争力。因此，请家长不要吝啬对孩子的赏识，从夸孩子开始，培养孩子的自信，孩子会变得越来越优秀。

给予孩子理智的爱

爱护孩子是父母的责任，也是天性，但是如果爱护得过了头，就会变成溺爱。教育孩子，最忌讳的就是溺爱。一个在溺爱环境中长大的孩子，不要指望他将来会有大的出息。因此，家长不能溺爱孩子，要重视孩子身上出现的问题，并在生活中教会孩子如何成长。

曾经不止一个家长找我诉苦："雷老师，我把所有的爱都给了孩子，满足了他所有的要求，为什么孩子还是很普通呢？更令我不解的是，他对我从来没有尊重和感恩，经常顶撞我。"

听完了家长的诉苦，我通过分析发现，家长的苦恼是他们对于孩子的教育方式出现了问题引起的。具体地说，他们爱孩子的方式是错误的。

你爱孩子吗？你肯定会回答"当然"。那么，你对孩子的爱是理智的吗？你溺爱孩子吗？这些问题回答起来可能就困难一些了。的确，父母都很爱孩子，但有时候父母给予孩子的爱并非理性的，而是盲目的溺爱。

爱对了，是可喜的；爱错了，是可悲的。怎么才算爱错了呢？爱错了会有什么样的后果呢？如果你溺爱和娇惯孩子，满足他的任何要求，他长大后就会容易成为一个意志薄弱、自私自利的人。所以，对孩子的爱不应该是盲目的。

中国自古以来就有“慈母多败儿”的说法，所谓“慈母”，指的是一种过分的母爱，也就是教育学家所说的溺爱。从字面上看，溺爱的“溺”字有淹没之意，这表示过分地疼爱孩子等于淹没了他们。古人云：“虽曰爱之，其实害之；虽曰忧之，其实仇之。”这是对“溺爱”一词最好的注解。人世间的种种感情，没有比得上父母之爱的，但是只有爱，不见得就能教育好孩子。

曾看过这样一个故事：

一个小男孩在客厅吹着空调，一边看着电视，一边玩着玩具，而他的妈妈在厨房里正忙着给他做饭，他的爸爸正在做家务，他们都累得满头大汗。等饭做完后，小男孩的动画片还没有看完，不肯去餐厅吃饭，妈妈便把饭菜端到客厅喂小男孩吃，爸爸则在一旁哄小男孩吃饭。动画片放完时，小男孩的饭只吃了一半，小男孩不想吃饭了，于是爸爸开始做各种滑稽表演，过了几分钟后小男孩笑了，妈妈这才喂上一口。

各位家长，你们知道运用什么方法，一定可以使你的孩子成为不幸的人吗？这个方法就是对他百依百顺。故事中的父母在现实中并不少，真想问问你们，你们不累吗？这样的父母应该及时警醒了，因为你们这样做会把孩子推入不幸的深渊。

生活中，很多父母总喜欢给孩子无微不至的呵护，把孩子的事情都包办下来，从来不让孩子扫一回地，洗一次碗，真是应了那句话——“捧在手里怕碎了,含在嘴里怕化了”。这样的父母对于孩子来说是慈父、慈母,但不是“好爸爸”“好妈妈”,他们过多的保护、过分的呵护只会阻碍孩子的发展,让孩子无法自立、自理。孩子终究是要独立生活的,为了让孩子能顺利地适应他未来的生活,父母有必要大胆地让他们自己照顾自己,不要让他们永远生活在父母的呵护里。

因此,为了孩子的身心能够健康地成长,父母要做到以下几点:

1. 当与孩子有冲突时,父母不要先妥协

父母与子女之间发生冲突时,双方都有责任,这往往是相互不理解造成的。这时,只要其中一个人退出争吵,另一个人也就“孤掌难鸣”了。如果父母撤离“战场”,那么孩子也就变成“孤军”了。

当与孩子有冲突时,首先必须了解孩子的动机。孩子从小就有一种强烈的占有欲和优越感,本能地会用各种手段来达到控制大人尤其是母亲的目的。父母如果屡屡妥协让步,孩子以自我为中心的思想就会越来越膨胀,变得十分任性,在家里就会越来越多地与父母发生冲突。因此,父母不可过于迁就孩子的任性行为。

2. 不要迁就孩子不合理的要求

5岁的奇奇每隔三五天就要大闹一场,整栋楼的人都会听到奇奇在楼道里大哭,而且一哭就是半个小时以上。时间久了,大家差不多都认识了这个爱哭且嗓门特别大的小男孩。有熟人问起奇奇大哭的原因,奇奇的妈妈无奈地说道:“奇奇喜欢变形金刚,经常要求大人给他买各种新型的变形金刚玩具,不买就发脾气。”

有一次因为买玩具的事情,奇奇跑到楼道里大哭,家人觉得外人听到不太好,就给他买了。结果从那之后,奇奇便学会了这个招数，一旦有要求被大人拒绝，就跑到楼道里大哭。几次三番之后，奇奇的父母觉得不能总由着他的性子来，却又不知道怎样让他不哭闹，于是进行“冷处理”，任由奇奇在楼道里大哭。但奇奇脾气比较执拗，有时候甚至能哭上半个小时，为了安抚哭闹不止的奇奇，父母只得在“冷处理”中败下阵来，再次满足奇奇的要求。

父母对孩子不合理的要求不要一味迁就，要做到坚持原则。迁就、顺从孩子的不合理要求，实际上是助长他们的“以自我为中心”心理，容易使孩子变得自私自利。因此，父母要拒绝孩子的不合理要求，帮助孩子形成正确的认知，让他们在未来遭遇挫折与困难时能够从容面对。

3. 不要无原则地为孩子辩护

很多父母对孩子的宠爱到了极致，无论什么事情都迁就和顺从孩子的要求，孩子要什么，父母就给什么。当孩子犯了错误的时候，有的父母会对此视而不见，反而说：“不要管得太严，孩子还小呢。”在这样环境里长大的孩子往往缺乏是非观念，长大之后很容易变得任性、不讲理。

琮琮是家里的独生子，爷爷、奶奶、爸爸重男轻女的思想很严重，他们对琮琮非常疼爱，觉得琮琮是家里的独苗，就该这样宠着。

爷爷、奶奶、爸爸对于琮琮的要求几乎有求必应，不管琮琮犯了什么错误，爷爷、奶奶和爸爸都说“不要紧，孩子还小”。长此以往，琮琮的性格变得骄横跋扈，不管是不是自己的东西，只要自己喜欢，就一定要抢过来，好几次妈妈都教育琮琮不能这么做，但是爷爷、奶奶和爸爸却总是维护琮琮。

等到琮琮上小学的时候，妈妈以为琮琮的性格会改变，但是后来发现一点儿也没有变。琮琮的性格使他很难适应小学的学习生活，有一次妈妈正在上班的时候，接到了琮琮班主任的电话，说琮琮打伤了同学。妈妈吓得赶紧赶到学校，得知是因为琮琮看上了同学的新玩具，想要玩一下，但是同学不给，于是琮琮就直接把凳子扔了过去，结果误伤了一旁的同学。

孩子缺乏辨别是非的能力，父母的态度往往是孩子判断是非曲直的依据。父母对子女的缺点和过失过于纵容，会导致孩子缺少是非观念，缺少良好的习惯，缺少挫折教育等，从而直接影响孩子的未来。因此，为了孩子的健康成长，父母要有原则地去爱孩子，对于孩子犯下的错误，有些可以包容，有些必须让孩子自己去承担，并引导孩子从错误中学会总结经验教训，使孩子在错误中历练成长，才是正确的处理方式。

4. 给孩子选择与决定的权利

很多父母总是对孩子的选择与决定横加阻挠，不管孩子面对的是什么事，也不管这件事是大是小，父母都不会完全相信他，总是要以自己的意见代替孩子的意见。这明显就是不尊重孩子，让孩子失去选择与决定的权利，孩子无疑就失去了人生的主动权。因此，父母要尊重孩子的自主选择权，不管孩子决定穿什么衣服，还是决定要读什么书；不管孩子是想要选择上哪个兴趣班，还是选择要和谁交朋友；不管孩子是想要学文科，还是想要学理科……只要是有意义的、健康的，只要是对他们的成长有好处的，父母都应该支持、鼓励。

当然，将权力完全下放也会存在弊端，那就是孩子很可能会因为好奇或有趣而做出错误的选择与决定。这时，父母除了尊重他们的权利之外，也要提醒他们的选择出了问题，或者干脆就直接告诉他们其决定是错误的。这时，父母态度不能太过强硬，也不能摆出一副“看吧，这就是你自己选择的结果，果然有问题”的表情。这是孩子必经的成长过程，因此，父母要诚恳地将自己的意见讲出来，一定要有理有据，不能强硬地要求孩子必须听父母的，只要父母说的话合情合理，能够打动他们，他们自然就会听进去并积极改正。

5. 尽量让孩子经历丰富的生活

很多父母都过于干涉孩子的生活，怕他们生活得不好，怕他们受委屈，怕他们应付不了生活里的种种问题，所以总是不自觉地插手孩子的生活。但这是不行的，不管怎样，孩子未来的生活还得他们自己去过，就算出了问题也需要他们自己去解决。因此，父母越早让他们经历丰富的生活，他们就能越早学会生活；让他们经历的生活越多，将来无论遇到怎样的事情，他们都知道该如何应对。

所以，父母要尽量过好自己的生活，让孩子看看真正的生活就是琐碎而繁杂的，需要一件件小事去应对。同时，教他们掌握各种生活技能，教他们如何处理生活的问题，教他们与周围人和睦相处……

溺爱是世界上最毒的“药”，而且喝起来一点儿都不难喝，反而味道非常诱人，让人垂涎欲滴。它不会让人一下中毒，而是慢慢地侵蚀孩子的免疫系统，迟早有一天会使人完全崩溃。所以，各位家长，你们如果真爱孩子就不要给孩子“喝毒药”，请给孩子理智的爱，重视孩子的身心健康，培养孩子自立自强的精神。

不能一味地以分数论英雄

孩子是活生生的人,他有思想,有情感。作为一个个体,孩子有主动性和差异性,最重要的是每个孩子都有自己的潜力。作为父母,不能仅仅以"分数"来评论孩子的好与坏,要全面地了解孩子,激发孩子的潜能,帮助孩子在品行、能力、个性、特长等方面获得全面发展。

每到考试前后,都有学生找我倾诉:担心考不好被父母责骂;觉得父母只注重分数,在他们眼中,分数代表一切……每当遇到这种情况,我就会在开家长会的时候,对家长们说,要正确认识考试,考试只是检验孩子学习情况的一种手段,分数只是形式和手段,它不能证明一个孩子的品格与才能如何,它不是衡量孩子优秀与否的唯一标准。

许多家长片面看重分数,以分数高低为判断学习优劣的唯一标准,若孩子分数下降了,就认为孩子"不争气""没出息",将内心焦躁、不安、失望等负面情绪宣泄在孩子身上,伤害了孩子的自尊心与自信心,破坏了良好的亲子关系。

倩倩对于妈妈看待分数的态度总是非常无奈，当倩倩的成绩提升时，妈妈就特别开心，对她又抱又亲，还下厨给她做很多美味佳肴。不仅如此，妈妈还不让她干家务活，她的袜子和内衣都是妈妈给她洗。

但是，如果倩倩没考好，妈妈的态度就会完全不一样，她不但会非常严厉地说“我们辛辛苦苦地培养你，你这么不争气、没出息，让人失望”，而且好几天都不理倩倩，更别说给她洗衣服了。

倩倩在日记本中写道：“我已经分不清，妈妈到底是爱我，还是爱分数。”

当今社会，这样的父母有很多。在父母的眼里，分数的高低就代表了孩子的优劣。父母对于孩子的态度充分说明了：分数高的是好孩子，分数低的就是差孩子。只有好孩子才能得到赞赏和肯定，而差孩子就应该承受责备和埋怨。然而，一个活生生的人怎么能以“分数”去衡量？叶圣陶先生就指出，分数并不代表知识，更不是衡量孩子学习好坏的唯一标准。

父母除了看孩子的分数，更要从孩子的实际情况出发，多方面培养孩子，不能动不动就呵斥、辱骂分数低的孩子，要重视孩子的整体素质发展，淡化分数意识，不与别的孩子攀比，以此激励孩子进步。父母要尊重孩子的自尊心，不能将自己的意愿强加在孩子身上，一味地靠着“棍棒”逼着孩子考高分，这样会伤害孩子，伤害亲子关系。

孩子是有思想、有情感、有主动性、有差异性、有潜力的人，“分数”与“孩子”根本没有可比性，父母不应该过分注重孩子的考试分数，而要注重孩子的品行、能力、个性、特长等方面的发展。

有一个小男孩,学习成绩不算太好,处于中等水平。在一次学校组织的活动中,这个小男孩却表现出了非比寻常的一面,他的幽默感逗得其他学生和家长笑成一片,为这次活动增色不少。活动结束时,家长们都说这是一个优秀的小男孩,但他们并不知道他的成绩。

还有一个小女孩,学习成绩比较差,一天放学后大家都走了,可是没有人锁门,这个小女孩留意到了,就去锁门。可门锁坏掉了,于是她用自己的零用钱买了一把新锁,再回到学校锁门。

这两个孩子,学习成绩都不是出类拔萃的,但他们身上却有学习成绩所无法比拟的个人特质,这才是最难能可贵的。每个孩子都是一块璞玉,经过细心打磨都会成为闪光的珠宝。只是打磨的方式并不是千篇一律的,有的孩子是“圆形”的,有的是“四方形”的,有的甚至是“五角形”或者其他“多边形”的,对待每一种形状,都应该有独特的方法。因而,注重个性的培养,意义远胜于只把目光放在分数上。每个孩子都有不同的特质,需要父母细心观察,有选择性地培养,这才是合格的父母,才能为社会培养出真正的人才,而不是如流水线一般,只会制造一模一样的“高分低能人”。培养孩子的身体素质、心理素质、交际能力、独立人格的意义,远胜于对成绩的苛求。

父母是孩子成长的引路人,不能一味地以分数论英雄,要正确地引导孩子。

1. 帮孩子打开兴趣之门

学习成绩不好的孩子,一般都比较讨厌学习。这时,父母不能一味地让孩子提升学习成绩,而应该让孩子先转变学习态度。应该如何转变呢？在孩子现有学习水平的基础上，教给他能消化的简单知识，逐步提升学习能力。当然，这需要父母保持耐心，不要一味地盯着分数，可能需要较长时间，孩子的进步才会从分数上体现出来，但父母为孩子打开的是主动学习的大门。

2. 注重孩子的全面发展

每个孩子都是一个正在成长中的人，父母要给孩子真切的关怀，而不是将孩子等同于一个符号或一个分数。父母要对孩子的德育、体育、美育、劳动等各个方面给予关注，这些都是孩子整体素质的反映。父母要有正确的教育观和人才观，才能帮助孩子树立正确的人生观和价值观。

3. 对孩子要做到因材施教

每个孩子都有自己突出的能力，家长一定要发现孩子擅长什么，根据孩子的特点进行科学的引导，激发孩子的学习潜力，使孩子最大限度地发挥出他的优势，施展自己的才能。如果能引导孩子在他擅长的地方努力，他很快就会做出成绩，从而提振自己的信心。这时，再有意识地把他往学习方面引导，往往会有意想不到的收获。

分数很重要，但分数绝不能衡量孩子的全部能力，更不应该成为评价孩子的唯一标尺，死读书考高分也不代表成功。孩子能愉快地、主动地学习，找到适合自己发展的路，才是成功。因此，父母应该改变观念，正视分数的局限性，努力把孩子培养为对社会有用的人才，而不是考试机器。

站在孩子的角度上看问题

站在不同的位置会看到不同的风景，处于不同的立场会产生不同的观念。为人父母者应该学会站在孩子的角度看问题，当孩子遇到问题时，能够迅速从孩子的角度看待和分析问题，才能有效地解决问题。不仅如此，站在孩子的角度看问题还能帮助父母了解孩子的真实想法，拉近和孩子之间的距离。

前段时间，有一位学生的妈妈在朋友圈里发了一则“寻人启事”，事情的大致经过是该学生忍受不了父母的专断和批评，觉得自己没有一点儿自由，于是愤而离家出走。幸运的是，两天之后，孩子被找到了，他的父母哭成了泪人，却始终不明白自己哪里做错了。听到这件事，我的心头为之一颤，我想告诫家长们：对待孩子，要学会换位思考，要多站在孩子的角度看问题。

有些父母对孩子说话就像上级命令下级，将自己的看法强加给孩子而不顾及孩子的想法和感受，认为自己从来都是对的，孩子从来都是错的。这样做，不仅得不到孩子的认同，还容易引起他们的反感和对抗。其实，父母在与孩子交流时，应该平等、民主地对待孩子，而不能独断专行。在教育的过程中，父母要尊重孩子。子女与父母一样，他们的尊严也应该得到尊重。而尊重孩子，父母首先要学会站在孩子的角度看问题，然后进一步分析和解决问题。

父母在处理有关孩子的事情时，为了避免盲目性，必须消除对孩子的偏见，做到站在孩子的角度看问题。只有这样，才知道孩子做事情能达到什么样的程度，不会以成人的标准要求孩子；才能了解孩子的需要，在合理范围内满足孩子，而不会以成人的观点误解孩子。

李原是五年级的学生，他有一个非常要好的朋友，两人从小学一年级起就是同桌，关系非常亲密，几乎无话不谈。在李原心里，这个朋友甚至比自己的父母还重要。一天，李原因为一件事情跟这个朋友发生了矛盾，两个人不说话了。

李原心里特别难受，回到家后，他就将这件事告诉了妈妈。妈妈听后，认为这么小的孩子哪会有什么真正的友谊，于是就不以为然地说道："不说话就算了，他不找你玩，你也别去找他。"

李原对妈妈的回答很不满意，虽然他还只是个孩子，但他很珍惜与这个朋友的友谊，所以心情一直很不好。因为妈妈对自己的不理解，他对妈妈也疏远了很多，有什么事情也不再愿意跟妈妈说了。

父母站在孩子的角度看问题，说起来容易，但做起来却很难。这需要父母放弃传统教育中长辈高高在上的观念，从心理上消除对孩子的偏见，做到尊重孩子，用真诚的态度和平等的沟通走进孩子的内心,聆听孩子的心声,体会孩子的需要,这样才会避免因不理解而造成隔阂的结局。

1. 站在孩子的立场,消除对孩子的成见

为人父母者应该明白,成人的世界是成人的世界,孩子的世界是孩子的世界,这两个世界是不一样的,父母不能拿成人世界的要求来对待孩子。如果父母硬要用成人世界的要求来对待孩子,势必会产生许多问题。

米米今年6岁,上小学一年级,平时做事比较慢,连走路都慢慢腾腾的。有一天,米米的妈妈带她到一个朋友家里做客,后来她们三个人一起出去玩。米米的妈妈与朋友说着话,在前边走着,米米落在了后面。米米很懂事,她没有喊妈妈等自己,因为她不想打断妈妈与她朋友的谈话。当米米的妈妈想起女儿时,发现米米已经离自己很远了。她的朋友说:"米米走路真慢啊!"米米的妈妈回答道:"走路慢不是她的错,这是由她的生理特点决定的,我们不能以成人的标准来要求孩子。"

米米的妈妈说完,转身去迎接孩子,并且告诉米米说:"妈妈向米米说对不起,不应该只顾自己走路,而忘记米米还小,走不快。下次妈妈一定注意。""没事的,妈妈,我以后会尽力走得更快一些。"米米说。

父母在面对孩子的缺点时,不能一味采取批评的方法,要试着用"孩子世界"的眼光来了解和认识孩子,站在孩子的立场上看问题,消除对孩子的成见,寻找问题形成的原因,并积极想办法帮助孩子改变,这样也会得到孩子的配合,收到显著的效果。

2. **对孩子保持真诚**

在与孩子的交往中，父母千万不能弄虚作假，要清楚地意识到自己在想什么、感受什么以及做什么。除了自我意识，真诚还意味着向孩子敞开你的心扉，向孩子表达你的思想和感受。当你的工作没有做好时，你可以对孩子说你很灰心。如果你对孩子很生气，直接对他表露这种感受比用隐讳的方式更好。

3. **学会换位思考**

小才很叛逆，这让小才的父母很担心。有一次，小才的妈妈让小才去买东西，小才当时正在弹琴，就没有搭理妈妈。妈妈走到他身边，把他从座位上拉下来，厉声问道："你没有听见我说话吗？"不料小才头也不抬地说："听到了。""那你为什么没有反应？""妈妈，你没看见我正在弹琴吗？再说，你同我商量了吗？你这样做尊重我吗？"

小才的妈妈被儿子的话吓了一跳，意识到自己平常让孩子做事情时，都是采用命令的口气，从没有与孩子商量过，伤了孩子的自尊心，才导致孩子今天做出了对立的行为。孩子不是不听话，而是自己犯了不尊重孩子的错误。

自此以后，小才的妈妈每当想让他去做事的时候，都会站在孩子的角度考虑，然后问儿子有没有时间，是否愿意做。小才多数时候都会配合妈妈，实在不能做或者没有时间做时，也会向妈妈讲明原因。妈妈的换位思考满足了小才的自尊心理需要，所以他变成了一个懂事听话的孩子。

父母只有做到经常换位思考，学会站在孩子的角度去考虑问题，才能找到孩子产生抵触行为的原因，注意到孩子的心理感受，从而改变自己对孩子的不当态度。而孩子，也会在父母的理解中变得乖巧、懂事、善解人意。

4. 体会孩子的内心感受

水水今年8岁，是个聪明而敏感的孩子。水水的妈妈平时很忙，陪女儿的时间很少，同水水沟通的时间也不多。水水见妈妈不陪自己，每天忙这忙那，就以为妈妈不爱自己，所以内心对妈妈产生了一种莫名的抵触，对妈妈表现得很不友好。

妈妈看出女儿对自己有情绪，可是不知道原因。这天，水水的妈妈抽空与女儿坐下来聊天，试着让水水把对自己的不满说出来。水水看着妈妈真诚的表情，说出了自己对妈妈的想法，妈妈这才体会到女儿的内心感受。以后，凡是有水水可以帮忙的地方，妈妈就会让水水去做，这样既不耽误干活，又能增加两人在一起的时间，还可以教水水学一些东西，水水也很乐意这样做，母女俩的关系比以前融洽了许多。

父母要与孩子多沟通，只有这样，才能走进孩子的内心，体会孩子的感受，才能知道孩子需要什么，做到及时满足孩子的心理需求。父母不应以任何理由忽略孩子，否则会在孩子心里留下难以消除的阴影。

总之，各位家长一定要注意，父母与孩子之间不是上级与下级的关系，而是一种平等、相互尊重、相互关心和相互信任的友谊关系，因此，父母要尊重和理解孩子，站在孩子的角度看问题，这样才能赢得孩子的信任，与孩子成为朋友，更有效地解决孩子的问题。

CHAPTER 3

第三章

学会放手，让孩子去独立面对

让孩子学会独立自主

父母要知道，孩子总会长大，他们总是要离开父母独自生活的。如果小时候不让孩子学会如何生活，那么将来孩子的生活必定会是一团乱麻。父母要学会放手，让孩子自主管理生活，这是他们生存的技能，是他们将来在社会上立足的本领。

学生期间，我很喜欢王宝池《劝学》中这句诗“自古雄才多磨难，从来纨绔少伟男”，把它作为我的座右铭。我奉劝各位家长朋友，对待孩子，一定要学会适时放手，要让孩子独立成长。尽管时过境迁，我们不能说“纨绔”一定会导致“少伟男”，但是随着社会的进步和时代的变迁，日渐安逸的生活正在弱化人的斗志。在安逸的生活中，许多孩子失去了对理想的追求，坐享其成，这一现象值得家长们警醒。

我们来看看一个小女孩的内心独白：

曾经在很长一段时间里我都非常骄傲，因为在家里我就是小公主，是爷爷奶奶、姥姥姥爷、爸爸妈妈的掌上明珠。我要什么就会有什么，我只要说出需要什么，然后想要的东西就会飞快地出现。当然，除了之后我才意识到的“一个实现自我的空间”。

从我懂事起，爸爸妈妈就像关小鸟一样把我关在了家里。于是，书本、电视、电脑就成了我为数不多的朋友。我很少出门，爸爸妈妈总是说外面的坏人多，万一出了什么事，后悔都来不及。尽管我都上六年级了，可是我从来没有独自去过公园，从来没有独自出去玩过，我始终处于他们的“监视”和保护之下，他们生怕有坏人把我拐走。

我对爸爸妈妈的做法深以为然，我觉得全世界的孩子可能都是这样被家人牢牢保护起来的。可是，自从我读了《乌塔》这篇文章之后，我的这一想法彻底地改变了。

这篇文章写的是一个14岁的德国小姑娘独自一个人游览欧洲的故事。读这篇文章的时候，我觉得十分惊讶。尽管我比乌塔小3岁，但我还没有独自坐过公共汽车。特别是当我读到乌塔能自己挣钱给爸爸妈妈，还给弟弟买礼物时，我觉得这简直是“天方夜谭”。自己挣钱买礼物，这是我绝对不敢想的，如果我要买什么，也是爸爸妈妈亲自“出马”，所以我对商品的质量、价格几乎一无所知。

记得我仅有的一次独自买东西是在我10岁的时候，那天在超市里，妈妈交给我一个“光荣而神圣”的任务，就是帮妈妈买红酒。我听了之后，高兴得一蹦三尺高，因为我觉得那是我大显身手的机会。妈妈把红酒的名称和摆放的位置仔细说了三遍才让我去买，她说她会在收银台等我。我高高兴兴地找到了要买的红酒，来到了收银台，我一下子蒙了，有二十多个收银台，到处是密密麻麻的人，我怎么也找不到妈妈，吓得六神无主，急得团团转。后来我通过广播才找到了妈妈，看妈妈的样子,似乎急得快哭了。她看到我,一个劲地责备说:“你跑到哪里去了?我都快急死了!”从此以后,我再也没有买过东西了。现在想起这件事,我觉得妈妈对我管得太紧,连一个自由展示的空间都不给我,我仿佛是一个蜡人,她一松手我就会摔碎,她不遮住阳光我就会融化。

看着学校里的同学们,我才发现六年级的我已经是高年级学长了,我忽然有一种“已经长大了”的感觉,可又那么不真实。我心里有一个声音在问:“除了学习,我会做什么?”

这个小女孩的内心独白反映了当前社会普遍存在的现象,所有的父母都应该明白不能过度地爱孩子,父母过度的爱会使孩子失去独立自主的能力。孩子总有一天要自立于社会、独立经营自己的人生,如果能从小培养孩子独立生活的习惯,自己的事情自己做,自己的东西自己管理,自己的生活自己安排,就能增强孩子行为的独立性、目的性和计划性,这对孩子今后的生活幸福和事业成功,无疑是有巨大帮助的。

如果孩子懂得忍耐,做事有条不紊,有很强的独立生活能力,能够管理好自己的情绪,并能推己及人、换位思考,体谅别人的喜怒哀乐,孩子将成为一个有责任心的人,也会使他对自己的能力充满自信。因此,当孩子做不好一些事情的时候,不要急躁地斥责他们,也不要抢着替他们完成,要给孩子独自处理的机会,让他们早日养成独立生活的能力。

1. 让孩子做自己力所能及的事

在家庭教育中,父母不能只持包办代替的态度,要多给孩子自己做的机会。在生活中或在学习上,凡是孩子应该自己做的,父母就不要越俎代庖。当孩子要求父母替自己做事时,父母不妨告诉孩子:哪怕是再小的事情,也要积极主动地努力,用自己的努力去创造出更多的价值,这其实就是给自己提供机会,实现自己的理想。如果遇到问题时总是采取一种应付的态度,能少做就少做,能依赖别人就依赖别人,敷衍了事,那实际就是在敷衍自己,最后品尝苦果的也只能是自己。

2. 让孩子掌握生活技巧

在日常生活中,父母不能包办孩子的衣食住行,要做孩子的导师和引路人,指导孩子做好自己的事情。父母不能过分地心疼孩子,要让孩子学会自己做事,让孩子掌握生活技巧。只有孩子掌握了生活技巧,才能应对生活中的各种困难。孩子总会长大,父母不可能永远陪着孩子,但生活技巧会永远陪伴着孩子,使孩子能够独立自主。

3. 鼓励孩子将想法付诸实践

如果有一天孩子对父母说他想做某件事的时候,一定要给予他实践的机会,鼓励孩子大胆尝试,并把他放到主导的地位上。这时,父母要成为一名合格的、适度给予掌声的观众和一名出色的心理辅导员。在孩子把自己的想法付诸实践的时候,父母一定要忍住插手的欲望,在一旁默默观看,只有在孩子力所不及时才能对孩子施以援手。

4. 帮助孩子正视可能出现的挫折和失败

当孩子正在尝试独立做事时,很多父母因为工作忙、生活紧张、自身粗心等原因而没有发现,所以当有些孩子在遭遇挫折和失败时难以承受,且没有得到父母及时的安慰和帮助,就会开始自暴自弃。因此,家长们一定要在孩子尝试独立做事的时候多多关注孩子,并在恰当的时间予以积极的鼓励和适度的帮助。尝试的过程难免会有失败,家长的安慰和指导能够让孩子正视他所面对的挫折和失败,明白挫折和失败是通往成功的必由之路。孩子只有放下尝试失利后的恐惧,才能有足够的勇气独自面对挫折和失败。

5. 有意地给孩子制造困难

生活中，有意给孩子制造困难的父母有很多。他们认为，孩子只有在小时候经历足够多的挫折，长大后才能独立应对生活的考验。这是很值得家长们借鉴的，为人父母者应该适当地对孩子“狠心”，对生活太顺的孩子适当进行一些挫折教育，从小培养他们的抗压能力。父母要让孩子走出自己的羽翼，不要怕他们摔着、碰着、饿着、累着，把孩子的问题交给他们自己解决，还给他们自己成长的空间。

总之，父母要让孩子独立自主，首先要从自身去寻找问题，父母学不会放手，孩子永远学不会如何独立生活。孩子身上有很多特质，父母不能根据自己的经验去判断这些特质的好坏，或者干脆上手去纠正这些问题。要让孩子独立自主，尊重他们自我成长、自我发展的权利。

让孩子自己去承受失败

不经历风雨，怎能见彩虹？孩子所经历的每一次失败，都是一次成长的机会。孩子只有经历失败，才会知道如何战胜挫折，如何从困境中爬出来，从而不再重蹈覆辙。孩子在实践中体验教训，远比家长干巴巴的说教要深刻得多。

在我的从教生涯中，曾经遇到不少这样的家长：孩子考了好成绩，就对孩子眉开眼笑，有求必应；如果孩子有一次考砸了，就对孩子吹胡子瞪眼睛，骂孩子“不争气”“没用”。家长的这种做法，无形中给了孩子很大的精神压力。这样的做法，会使孩子失去勇敢面对失败的机会，等到日后孩子走上社会后，如果遇到失败，他们会经不起失败的考验，不能积极战胜挫折。因此，父母要让孩子适度体验失败的滋味，让他们学会从失败中查找原因，在失败中站起来，从失败走向成功。

10岁的聪聪要去春游，问妈妈：“我该带什么东西呢？”妈妈说：“你自己想一想，该带什么就带什么，自己的事情自己负责。”接着就忙自己的事了。结果，聪聪没带罐头开罐器，又不好意思向别人求助，只好饿着肚子；没有带雨伞，淋了一身雨；没有带钥匙，回到家进不了门，硬是在外面等了两个小时。

经过这次教训，聪聪再出去春游的时候，就知道该做哪些准备了。那些全靠家长准备的孩子，一旦家长不帮忙，要靠自己的时候，就会手足无措。

作为家长，我们要像聪聪的妈妈那样，敢于让孩子经受失败，让孩子在失败中成长。

作为一名合格的家长，想要孩子能够独自经受失败，要做到以下几点：

1. 松开手中的线

父母不能对子女溺爱，任何苦都舍不得让孩子吃，这样教养出来的孩子，势必经受不住风吹雨打。只有父母松开手中的线，才能让孩子更好地成长，才是对孩子最大的帮助。

小虎跟着爸爸回到了乡下爷爷家，小虎看到爷爷院子里的那棵大槐树，感到很好奇，于是就想往树上爬。爸爸说爬树比较危险，小虎趁爸爸不注意的时候，就往树上爬去。爸爸在屋子里透过窗户看见了小虎的行为，皱了皱眉，然后从后门出去了。

小虎手脚并用地爬到了树干的中间部分，他再往上爬的时候，脚下的树枝"咔嚓"一声断了。小虎摔到了地上，却感到身下软绵绵的，他睁开眼一看，发现爸爸站在一旁，自己落在了一块海绵垫上。小虎吓得哇哇大哭，想要找爸爸抱一抱，但是爸爸很严肃地说："一开始让你不要爬树，你不听，刚才摔下来的时候，你有没有想过自己莽撞行为的后果？"

小虎垂着头，低声说道："我知道错了。"爸爸说："面对危险，你以后得自己判断，不过，爸爸仍然要表扬你的冒险精神。走吧，回去给你贴创可贴。"小虎这才发现胳膊被树枝划出了血痕。后来小虎才知道，那块海绵垫子是爸爸偷偷放在树下的，当时小虎只顾着爬树，根本没有注意到。

小虎的爸爸虽然看见了小虎的危险行为，但是没有马上予以制止，而是让小虎自己去承受后果。这样一来，小虎会记得更加牢固。小虎通过这件事情得到了教训，对以后的行为都会有一定的警示作用。

松开手中的保护线，让孩子自己去面对困难和挫折是至关重要的。父母不能想着任何事情都替孩子完成，替孩子收拾残局，孩子本身要有能力去完成这些事情，去直面生活中的挑战。

2. 让孩子能够输得起

生活的竞争压力会随着孩子长大而不断增加，在生活过程中，孩子难免会有输有赢，作为父母要认真观察孩子的心思，让孩子既能赢得起，也能输得起。

很多时候,生活中会出现很多小比赛,比如两个小朋友玩跳棋,既然是对抗游戏,必然会有输有赢。输不起的孩子,总是会在自己输了以后气急败坏,或者是和小伙伴争吵,大喊大闹。这样的孩子就是典型的输不起,这是一种争强好胜的表现,也是不能正视失败、害怕失败的表现。在这种情况下,父母要加以引导,这不仅是为了塑造孩子的性格,更是为了让孩子能够健康成长。

小易是一个争强好胜的小男孩,凡事都喜欢跟人比一比。有一次,小易和皓然在楼下骑自行车,小易只会蹬半圈,皓然能蹬整圈,小易说他蹬半圈快,皓然说他蹬整圈快,两个人较起劲来,嚷嚷着要比试一番。小易把爸爸请来当裁判,结果蹬半圈的小易虽然很努力,但还是比不过蹬整圈的皓然。

小易输了比赛,哭着来找爸爸,爸爸没有责怪他,反而拿出两根雪糕,给他们一人一根,然后对小易说:"你是小男子汉,不要怕输。跟人比赛,重要的不是结果,而是在比赛的过程中你学到了什么。你知道今天为什么会输吗?"

小易想了想说道:"因为我蹬半圈,皓然蹬整圈。"

爸爸说道:"如果你想赢皓然,应该怎么办呢?"小易仰头说道:"我也要学会蹬整圈。"说完,小易拉着爸爸开始学如何蹬整圈,不一会儿就学会了。

上述案例中的小易输掉比赛的时候,爸爸的话起了很大的作用,爸爸告诉他要输得起,比赛的输赢并不是那么重要,而是要在比赛中积累经验。之后爸爸还引导小易分析了输掉比赛的原因,而小易也学会了蹬整圈。当孩子能够正确认识失败时,就不会因为害怕失败而产生逃避心理,这样的孩子才会输得起。孩子会知道失败并不能说明自己没用，失败不仅不是一件坏事，反倒是一件好事，因为唯有失败才能暴露出不足，让自己不断进步。

3. 告诉孩子失败了再尝试一次

失败是成功之母，这是孩子在成长的过程中必须明白的一个真理。孩子的心理与成年人相比还不够成熟，在面对失败时，不能很好地去应对，这时就需要父母的鼓励，并帮助他们克服眼前的困难。

已经工作的晓云一直不会骑自行车，这让很多人感到奇怪。原来，她小时候学骑自行车时发生了一件事情……

晓云10岁那年，她和小伙伴一起学习骑自行车，晓云练习得很认真，也吃了不少苦头，经常连人带车摔倒在地上。

晓云的父亲是个暴脾气，在旁边一直指导她，并帮她扶车。每次晓云摔倒后，父亲都很着急恼火，大声训斥晓云是笨蛋，说晓云没有出息。在父亲的骂声中，晓云非但没有进步，反而胆子越来越小，到后来连踏上自行车的勇气都没有了。最终，晓云没有学会骑自行车。

失败是每个孩子都会经历的，但是父亲对晓云的责骂却让晓云失去了学习的信心和热情。从这个故事中，我们可以得出这样一个结论：当孩子失败时，更需要得到我们的鼓励，一旦得不到的话，就会让他们怀疑自己。

父母要教会孩子在失败后再尝试一次，因为很多时候，孩子避免不了失败，在失败之后，更重要的是让孩子找到重新尝试的勇气和坚持到底的毅力。

适当经历失败的孩子，才会在失败中成长，为人父母者要让孩子在失败中不断进步。孩子在慢慢长大，等他们需要单独去面对社会的时候，他们就能体会到之前在失败中获取的力量。总之，磨难也会成为一种动力，推着孩子不断前进。

不要不舍得让孩子吃苦

父母可以帮孩子做一些事情，但是绝对不能帮孩子做一辈子的事情。当孩子有困难的时候，父母总是给予安慰，一两次的安慰可以帮助孩子渡过难关，但是如果任何事情都如此，孩子就会对父母形成依赖心理，等父母不在孩子身边时，孩子就没有任何支撑力量。父母不妨让孩子吃点生活的苦头，让他们能够直面挫折，明白人生不是一帆风顺的。

相比我们那代人小时候，现在孩子的生活真是太幸福了。花花绿绿的美食、各种各样的玩具，还有可以玩耍的游乐场、植物园。当然，相比以前，现在人们的生活水平有了大幅提升，我们不可能让现在的孩子去吃我们小时候的苦。但是，适当让孩子吃一些苦，是很有必要的。在我的从教生涯中，我从来不主张家长溺爱孩子，为孩子包办一切。那些每天都像生活在蜜罐里一样，从小吃不了一点点苦的孩子，我把他们比作“玻璃娃娃”。

“庭院里练不出千里马，花盆里养不出苍天松”，能够吃苦的孩子，就算父母不在身边，这种孩子依然可以有面对生活的勇气和力量，能够勇敢面对生活中的困难和挫折。所以，我奉劝家长们不要不舍得让孩子吃苦。

小文是家里的“小皇帝”，父母老来得子，视他为珍宝。小文已经16岁，可他什么也不会做。在这16年中，他从来没有做过家务，衣服袜子全是妈妈洗的，他只要提出自己的要求，妈妈就会尽量满足他。

高三学习紧张，为了节约时间，小文不得不住校，只有周末才能回家。每到周末，小文都会带回一大包脏衣服，包括外套、裤子、袜子。妈妈每次都会给他准备几套干净衣服，就连袜子也得准备好几双，保证小文够穿。

一个人如果想进步、成长，没有一定的吃苦精神肯定是不行的。因此，孩子只要有劳动能力，父母就应该让他们参与家务劳动，等到孩子再大一些，就要告诉他们是时候出去学着自己挣钱了，其实挣钱不是目的，而是要通过劳动来锻炼孩子独立生存的能力，以免孩子长大后不能战胜生活中的各种磨难。相反，我们有很多父母将孩子放进金钱堆砌成的“蜜罐”中，将孩子溺爱成一个个只知享受不懂奋斗的“啃老族”。

李涛是一名七年级的学生，爸爸妈妈为了锻炼他，就让他住校。其实他家离学校非常近，而且家里的条件也不错，但父母想让孩子尽早独立生活，吃点苦，为将来做准备。李涛到学校报到的那天，父母都没有送他，他一个人带着很重的箱子来到宿舍,然后自己整理床铺和物品,接着去办复杂的入学手续。而别的同学都是爸妈负责,自己只要在一边站着看就行了。其实这也是李涛第一次自己入学报到,他觉得,既然爸妈下定决心锻炼他,那他就要好好表现,不能辜负爸妈的期望。入学后,李涛换下来的衣服也是自己洗,再冷的天气也是这样,而不像别的同学那样,把脏衣服攒到周末拿回家让妈妈洗。

在住校期间,李涛不但学会了照顾自己,而且还没有耽误学习,学习一点儿都不比别人差,因为他刻苦、用心,最重要的是,他学会了安排自己的事情,什么时间做什么,他都做得井井有条。半个学期过去了,爸爸妈妈发现他成熟、懂事了许多。

在现实生活中,孩子需要战胜的不是困难本身,而是自己,只有自己主动去承担,难度才会小很多。父母把"苦"摆放在孩子面前的时候要适当降低难度,告诉孩子问题其实很容易解决,切不可用严肃的口吻跟孩子说:"从现在开始,你就要受苦了。"这样只会让孩子对吃苦心生畏惧,在无形中增加了精神压力。父母要潜移默化地将"吃苦"教育融入孩子的生活中,孩子就能轻松完成,父母的教育目的也就容易达到。

父母在对孩子进行"吃苦"教育时,可以参考下面的建议:

1. 让孩子勇敢面对困难,学会主动吃苦

父母在锻炼孩子的吃苦精神时,先要让孩子明白为什么要学会吃苦,吃苦的意义是什么,让他们由不乐意吃苦转变为愿意吃苦。父母可以这样对孩子说:"让你吃苦的目的是提高你的忍耐力,将来你在生活中不管遇到什么苦难,你都不会害怕。"

2. 在现实生活中锻炼吃苦精神

家长不要溺爱孩子,要让孩子在现实生活中适当吃点苦,受点磨难。要让孩子在做好分内之事的同时,还要多接触一些有一定难度的任务,比如孩子不吃饭的时候,就不要强迫他吃,他肚子饿的时候也不要给他任何食物,挨过饿后,孩子自然就知道以后要好好吃饭了。

3. 父母扮演好自己的角色

父母如果决定将培养吃苦精神当作教育孩子的方式,那就要有充分的思想准备,不能因为心疼孩子就停手,可以在孩子遇到困难的时候,给孩子一些有益的建议,并给予适当的鼓励。另外,父母要起到榜样示范作用,因为孩子会模仿父母的行为。比如,一位记者家里有两个上小学的孩子,他们每天早上要去给各家各户送报纸。看着孩子兴致勃勃地分发报纸,这位当记者的父亲感到很自豪:“分发这么多报纸不容易,很早就得起床,无论刮风下雨都要去送,我从不要求他们停下来,孩子们也从来没有耽误过一天。”

4. 做好孩子的思想辅导工作

面对困难,孩子的心态多少会有一些变化,如果孩子实在承受不住,父母就不能再袖手旁观。在出现困难的时候要给孩子鼓劲,在孩子进行不下去的时候尤其不能松懈,不论结果如何,要让孩子从中得出自己的认识,积累经验教训。如在周末的家庭大扫除中,孩子因为要出去踢球而来不及整理自己的房间,那么父母就可以让孩子先出去和小朋友玩,回来后自己收拾自己的房间,这样就一举两得了。

总之,为了让孩子以后能够幸福,父母现在就要舍得让孩子吃苦。父母只有舍得让孩子吃苦,孩子才能受到挫折教育。只有这样,面对挫折的时候,孩子才能够应对自如。所以,各位家长,你们一定不要不舍得让孩子吃苦,如果你们现在不舍得让孩子吃苦,那么将来孩子走上社会可能生活得很苦。

让孩子学会承担责任

每个人都需要承担一定的责任,父母要知道承担责任的重要性,不妨让孩子从小学会承担责任。作为父母,把该孩子承担的责任交给孩子,孩子犯下的过失,要让孩子自己去弥补,即便是父母出手相帮,也要让孩子知道这件事情的责任人是孩子。

曾经有家长问我:"你觉得教育孩子最重要的是什么?"我回答说:"一是培养孩子独立自主的能力,二是培养孩子的责任感。"有人说,孩子成人的一个重要标志是知道自己要做什么,当你肩上有担子的时候,你就长大了。的确如此,当一个人肩上有责任的时候,他就要开始思考如何去承担这份责任。

孩子在成长的过程中,必须学会承担责任。在孩子学会承担责任的过程中,父母要把本身是孩子的责任移交出去,也就是说,孩子的责任就要让他自己担着。因此,父母要教育孩子对自己的行为负责,不要替孩子承担一切,否则会淡化孩子的责任意识,不利于孩子成长。在孩子的成长过程中,父母还必须让孩子懂得为自己的过失负责,养成可贵的责任感。

曾经在电视机上看过一个访谈类节目，其中有一个嘉宾讲了这样一个小故事：

有一次，我到国外访问，在一个洗手间里，我听到隔壁小间里一直有一种奇怪的响动。由于这响动持续的时间很长，引起了我的注意，在好奇心驱使下，我通过门缝向里探望，这一看使我惊叹不已。

原来，隔壁小间里一个只有七八岁大的小男孩正在修理马桶。我上前一问才知道，这个小男孩上完厕所以后，因为冲刷设备出了问题，他就一个人蹲在那里，千方百计地想修复马桶，而他的父母当时并不在身边。这件事令我非常感慨：一个只有七八岁的小男孩，竟然有如此强烈的负责精神！

对于孩子而言，责任感能够让他以一种认真、负责的态度来对待周围的人和事。具有责任感的孩子往往能以负责的态度对待学习，能以友好的方式与同伴相处，能及时有效地处理周围发生的事情。而一个没有责任感的人，是缺乏理想的，是没有灵魂的，他只想索取，不想付出，因为他没有从根本上认识到自己应该在社会中、在家庭中扮演怎样的角色。一个没有责任感的人，在工作和学习中只能敷衍塞责，同时也是在敷衍自己，他注定一事无成、一生平庸。只有积极主动地担负起自己应该担负的责任的人，才能成为一个对国家和社会有用的人。

孩子不仅要对自己的言行负责，还要对关爱他的父母、老师和同学负责。另外，孩子也是社会的一员，一定要让他学会对社会负责。父母要让孩子从身边的每一件小事做起，教育他成为一个有责任感的人。

1. 父母要提升自己的家庭责任意识

家庭是孩子成长的重要场所，父母要想培养孩子有责任心，首先要提升自己的家庭责任意识。有的父母不知道自家的物品放在哪里，也很少参与家务劳动，把家务活交给保姆或是家里的老人来做，甚至对家庭成员的行踪漠不关心，自己就像是家里的客人，家也好像是一个旅馆。有这种“责任心”的父母，如何能培养出有责任心的下一代？一个有强烈责任感的父母会不断提升责任意识，从而培养出一个有责任感的孩子。

2. 从点滴小事中培养孩子的责任感

培养孩子的责任感不要忽略孩子身边发生的日常小事，小事往往会对孩子责任感的养成起到很大的作用。在孩子成长的过程中，他们每天都会遇到许多小事，父母一定要善于抓住这些点滴小事培养孩子的责任感。如孩子小的时候，可以让他自己盛饭，自己搬凳子，自己吃饭等。一开始，孩子可能不习惯，父母可以和孩子一起来做，父母多做点，让孩子学着做。慢慢地，孩子做起这些小事来就会比较自然。随着孩子年龄的增长，可以放手让他多做一些事，这样孩子就会明白，这些小事都是他的责任，他必须自己独立完成。这样一来，孩子的责任感就会慢慢形成。

3. 鼓励孩子勇敢地承担起责任

父母要鼓励孩子敢做敢当，不逃避责任，勇于承担自己行为的后果。正如著名教育家茨格拉夫人所说：“必须教育孩子懂得他们不同的举动能产生不同的后果，随着时间的推移，孩子一定会变得很有责任感。”

如果孩子不小心打破了别人家的玻璃或损坏了公共物品，父母不要责备，而应当引导孩子详细描述事情的经过，帮助孩子明白自己犯了错误。向人家承认错误是必须要做的，但事情并没有结束，还要教育孩子原价赔偿物品。这是孩子懂得负责任的开始,在这个过程中,别忘了肯定孩子的诚实和勇敢。

4. 教孩子管理好自己的物品

孩子的物品很繁杂,有文具、玩具、衣物等,教孩子学会管理好自己的物品,也是在培养孩子的责任心。

爷爷在孙子的铅笔盒里发现了不属于孙子的铅笔(这位爷爷是多么细致,他清楚地知道孩子的文具),爷爷一再追问这是谁的铅笔,孩子却稀里糊涂,答不上来。爷爷说:“借用完别人的东西,一定要及时归还,明天要找到失主,把铅笔还给他,而且要记得道歉。”

这个故事在提醒父母:孩子的责任心就是在点滴小事中培养起来的。

5. 要求孩子做事一定要有始有终

很多孩子做事都虎头蛇尾,长此以往,孩子就会越来越没有责任心。所以,父母一定要选难度适当的任务让孩子完成,在这个过程中给予他适当的帮助和监督,提醒他不要轻易放弃,养成有始有终的做事习惯。这样既可以增强孩子做事的信心,也可以培养他做事的责任感。

总之,父母在孩子成长过程中,一定要在适当的时候放手,把孩子自己的责任移交给孩子,让孩子自己去承担属于他们的那一份责任。当孩子学会承担自己的责任,他们的心智以及对生活的应对能力就会提升。

CHAPTER 4

第四章

学会倾听，给予孩子最好的关注

与孩子交流时要多听少说

很多父母在与孩子沟通时会出现一个问题，那就是亲子沟通最后变成了父母的一言堂。父母不给孩子说话的机会，容易导致沟通失败，问题得不到解决。所以，父母在和孩子沟通的过程中要多听少说，要多倾听孩子的心声，多了解孩子的感受。

开家长会的时候，我多次建议家长要跟孩子多沟通，有的家长找我诉苦说："我想跟孩子好好交流，但是孩子却不愿意跟我交流。"这时候，我就会告诉家长："孩子不愿意和你沟通，是因为你们的亲子关系还不够密切，这个时候你应该多听少说。"

多倾听孩子的心声，多了解孩子的感受，不但可以增进亲子之间的感情，还可以让孩子明白，当自己遇到任何烦恼时都可以向父母诉说，得到父母的安慰和帮助。这样一来，孩子会有安全感，而安全感可以使孩子的创造力、理解力、情感等得以全面发展。

很多父母认为，对孩子的教育就是要经常告诉孩子：什么事情该做，什么事情不该做，这件事该这么做，那件事该那么做，怎样把事情做得更好，等等。严格地说，这不是交流，而是父母对孩子单方面专制式的命令，或者说是把自己的观念和要求强加给孩子。这种做法往往无助于父母与孩子的交流，会激起孩子的逆反心理，使得沟通失败、教育无效。

与孩子交流的关键不在于说而在于聆听，作为父母，一定要成为合格的倾听者。父母只有成为合格的倾听者，才能与孩子进行有效的交流。

1. 与孩子交流切忌只说不听

倾听孩子说话，重要的是多听少说。经常有孩子抱怨："没有一个人认真听我说话，他们只是在说自己的！"很多孩子对这种情况有切身的感受。称职的父母一定要学会聆听孩子说话，用自己对孩子的信任、尊重促使孩子说话，让孩子把自己的所思所想都表达出来，这样才能与孩子进行良性的交流互动。

萱萱的妈妈是个爱唠叨的人，一看到萱萱有做得不对的地方就会唠叨个不停，而不是引导女儿怎么做。一开始，萱萱还会和妈妈辩解，但是妈妈却说萱萱不听话、顶嘴，还把她以前的错误都数落个遍。妈妈唠叨的次数多了，萱萱觉得很没面子，就懒得和妈妈理论了，逐渐变得沉默寡言，妈妈说什么她也不吭声。在学校里，她也只是安静地学习，很少和别人说话，逐渐地将自己封闭起来。

父母在倾听孩子说话的时候要肯花时间、有耐心，做个有修养的听众，用心倾听孩子的心声，用心走进孩子的世界。父母还应鼓励孩子，不批评孩子，只要父母耐心地这样去做，多了解和关心孩子，孩子就会很乐意和父母在一起，这样一来，拥有一个心理健康的孩子就不再是梦想，孩子一定能顺利地迈向成功之路。

2. 让孩子知道你正在听他讲

当孩子向父母诉说高兴的事的时候，父母应当适时地给出回应，如孩子告诉父母他在学校得到了老师的表扬，你可以称赞说：“你真棒，下次你会做得更好！”当孩子向父母诉说不高兴的事，父母应该让他尽情地宣泄，并适时地给予安慰与鼓励。当孩子诉说父母不感兴趣的话题时，父母也应该耐着性子听，表示自己关注他的谈话内容，可以使用“嗯”“噢”“是吗”“后来呢”等话语，表示自己在认真地倾听，鼓励孩子继续说下去。这样不仅可以提高孩子的语言表达能力，也会使孩子更乐意向父母倾诉。好的亲子关系就是在互相倾听中培养出来的，好孩子是在好的亲子关系中成长起来的。另外，父母给予孩子倾诉机会的同时，也要善于用非语言信息，如肢体及表情，表示对孩子的关注。

婷婷特别喜欢与妈妈谈话，因为妈妈每次与婷婷说话时，都会让她靠近自己坐下，握着她的手，以关切的眼神、前倾的姿势、微笑的表情，鼓励她完整地说出事情的经过，而绝不随意打断她的话题。在婷婷伤心落泪时，妈妈便递过手绢或纸巾，然后把婷婷轻轻地搂在怀里，抚摸她的头发，或拍拍她的后背。这时，婷婷便能感到无限温暖，所有的烦恼和委屈都会一扫而光。

倾听时，父母要认真注视着孩子的眼睛，仔细听孩子说话，同时关注孩子的表情，向孩子传递“我正在听”的信息。必要时，可以进行抚摸、拥抱等身体接触，更能让孩子体会到父母对自己深切的爱，从而使孩子更主动、更自信、更流利地表达自己的内心感受。

3. 放下手中的事，专心听孩子讲话

倾听是一门艺术，也是对他人最基本的尊重。倾听又是一个人能力和素质的体现，是人们获得成功的重要因素之一。但是，现在有些孩子很少会耐心地倾听他人讲话，究其原因，是父母没有起到好的带头作用。父母平时敷衍的态度对孩子造成了不良影响，所以他们也不愿意做一个倾听者。

欣欣发现了一件有趣的事情，高兴地跑到爸爸的书房，想对爸爸说。爸爸正在看书，不管欣欣讲得多么有趣，爸爸都只是“嗯”上两声，一点儿意见也不发表。

“爸爸，你到底有没有在听我讲话啊？”欣欣不高兴地噘起了嘴。爸爸一边翻书，一边回答道：“在听啊，我现在不是正在听嘛，你说家里有蚂蚁嘛。”

“对，爸爸，你知不知道那些蚂蚁……”欣欣又兴奋地讲了起来，“爸爸，你说这是为什么呢？”

“啊？什么为什么？”爸爸漫不经心地问道。

“爸爸，你根本没有听我说话，我以后再也不和爸爸说话了。”欣欣伤心地说道。

爸爸本来以为欣欣是开玩笑的，结果之后的两天，欣欣果然不再和他说一句话，而且他跟欣欣说话的时候，欣欣也是爱答不理，根本不听他说什么。

“你怎么越来越不听话了，我让你看书学习，你非要在这里玩，是不是想挨打了？”爸爸生气地说。

欣欣嘴一噘，小声说：“打就打，反正你也不听我说话，我为什么要听你的话啊。”

爸爸听到欣欣说的话气得真想揍她一顿，但妈妈及时拦住

了，对他说："这件事确实是你的错，孩子在和你说话的时候，你为什么不认真听？"

"我在忙着看书啊。"

"看书重要还是孩子和你说话重要？"妈妈又问。

"两个都重要。"爸爸不好意思地笑了笑。

"真是个书痴，以后女儿和你说话的时候，你必须放下手里的事情，认真听女儿讲话，要不然，我也不和你说话了。"

爸爸听了，不好意思地挠挠头，重重地点了点头。

"还是妈妈好。"欣欣高兴地笑了起来。

这场家庭危机终于化解了。从那以后，欣欣再找爸爸聊天的时候，爸爸总是会把手里的书放到一边，先听女儿讲完，再认真发表意见，等女儿满意后，才继续做自己的事情。

当孩子跟你说话的时候，父母最好把手中的事情先放下来，专心听孩子讲话。这既是父母对孩子的尊重，也是以身作则做一个好听众的体现，孩子也才更愿意学着做一个合格的倾听者。

总之，家长要想与孩子进行有效沟通，首先要学会倾听孩子的话。父母倾听孩子的心声，给予孩子充分的话语权，让孩子把心中的想法说出来，使孩子能够发表自己的意见，这样不但可以增进父母与孩子之间的感情，也可以让孩子明白，不管有什么困难和烦恼，都会得到父母的体谅和支持。这会让孩子有安全感，而这种安全感可以使孩子的创造力和理解力得到充分发挥。

不要随意打断，让孩子把话说完

常常有父母不把孩子的倾诉当回事，没有耐心听孩子把话说完，在孩子倾诉的时候随意打断孩子。时间一长，孩子就会对父母非常失望，从而不再和父母交流，久而久之就变成一种对抗情绪。这既不利于孩子的心理健康，又不利于构建融洽的亲子关系。为人父母者一定要学会耐心倾听，让孩子把话说完，孩子会从父母的态度中感受到父母对自己的理解和尊重。

在我小时候，有一件事让我记忆犹新：有一次，我放学回到家，兴致勃勃地向爸爸说起发生在学校里的事，爸爸却一脸不耐烦地说："没看见我正在忙吗？一边玩儿去。"我幼小的心灵备受打击，从此，我就很少在父亲面前说起学校的事了。后来，我有了孩子，我就特别尊重孩子的"话语权"，当孩子跟我说话的时候，我都会认真听她说，从来不会打断她或表现出不耐烦的样子。

作为父母，只有认真倾听孩子的诉说，才能产生交流中的互动。否则，没等孩子说完两句话就不耐烦了，那就会伤害孩子的自尊心。这种交流方式不仅会让孩子隐藏自己的真实想法，孩子还会向父母关闭自己的心灵之门。

筱言一直是老师眼中的乖乖女,很听话,不管爸爸、妈妈和班主任说什么,筱言都乖乖照做。后来筱言上了初中,正值青春期,班主任发现筱言带手机到学校,还时常对着手机傻笑,这让班主任感觉到了异样,于是告诉了筱言的妈妈。妈妈等筱言回家后,不由分说地抢走筱言的手机,翻看后发现筱言和一个男孩子来往密切。妈妈很气愤,不由分说地质问道:"你胆子真大,你现在就敢谈恋爱了!"

筱言很是生气,因为妈妈不经过自己同意,强行翻看了自己的手机。筱言想跟妈妈争辩,妈妈直接打断了筱言的话:"你早恋还好意思找理由,从今天开始,手机没收,周末没事不许出去。"筱言一句话还没有说出口,就被妈妈顶了回去。

筱言看了妈妈一眼,一句话也没有说,直接开门跑了。妈妈在气头上,没有去追。等到晚上,筱言还没有回来,妈妈这才着急了,赶紧给平时和筱言玩得好的几个同学打电话,询问筱言去了哪里。

从同学口中,班主任知道了筱言的事情,原来那个男孩子跟筱言是同班同学,性格很内向。他在学习和生活中遇到困难时不愿告诉其他人,同学们知道以后就结成小组帮助他学习,在他遇到困难时帮助他。筱言是班长,也是这个小组的组长,筱言经常跟这个男生沟通,及时了解他的学习进度与日常生活。

弄清楚事情的真相后,妈妈意识到自己从一开始就没有给筱言说话的机会,对自己的冲动莽撞很是后悔。于是妈妈马上去寻找筱言,一个多小时后,妈妈才在离学校不远处的一家咖啡店里找到了筱言。妈妈暗暗下定决心,以后一定要给筱言说话的机会,不能轻易打断筱言的话。

孩子的说话权得不到父母的尊重,父母不让孩子把话说完,一方面不利于孩子语言表达能力的提高,另一方面也会使孩子产生自卑情绪。久而久之,孩子就会跟父母产生对抗情绪,以致双方相互不信任,产生沟通困难的问题,甚至还会使孩子出现心理问题。

如果父母忽视与孩子的交流,不重视孩子的倾诉,时间久了,不良的影响就会表现出来。因为对于一个已经有自我主张和自我见解的孩子来说,让他乖乖地“听话”是一种痛苦。其实,仔细倾听孩子的诉说并回答孩子的问题,对加深亲子关系大有裨益,这可以提升孩子的自信心和安全感。

亲子之间的沟通交流对亲子关系和孩子性格形成有重大影响,所以,为了促使孩子健康成长,父母不仅需要多与孩子交流,还应该在双方对话的时候多点儿耐心倾听,少打断孩子说话。

在聆听孩子说话时,父母要注意做到以下几点:

1. 耐心地听完孩子的话

许多父母在教育孩子的时候,都喜欢随意打断孩子的话,然后自己说让孩子听,这样父母就难以知道孩子的想法,也就达不到很好的教育目的。

茜茜今年11岁了,上小学五年级,在老师和父母眼里,茜茜一直都是个很懂事的孩子。一次,老师打电话给茜茜的妈妈,说茜茜和同桌小彬吵架了,让她去学校一趟。妈妈感到很吃惊,到了学校,妈妈没有立即批评茜茜,而是把茜茜带到家里,和蔼地问她发生了什么事情。茜茜仔细地给妈妈讲了事情的经过。原来,小彬说茜茜是个小胖子,还对她说了很多难听的话，茜茜一气之下把他的书扔到了地上，然后出现了吵架的行为。妈妈耐心听完孩子的话，教育女儿可以换种方式和同学沟通。茜茜得到了妈妈的理解，也主动承认了错误。

父母在和孩子沟通时，即使是孩子犯了错，也要耐心地听孩子讲述原因，这样不但可以增进孩子和父母之间的关系，还可以给孩子传达这样的信息：父母会默默地支持自己，自己会得到父母的理解。

2. 不要急于否定孩子

和孩子沟通的过程中，父母需要多从孩子的角度考虑问题，不要急于否定孩子，而是要让孩子表达自己的看法。如果父母立刻否定了孩子的话，孩子会觉得不管自己怎么做都是错的，这样会使孩子形成负面情绪，对家长产生不满。

小琪的期中考试成绩出来了，比起上次的考试成绩有很大的进步。小琪回到家，刚把书包放下，就听见爸爸严厉地说道："老实说，你这几天放学没有按时回家，是不是去玩了？刚才小刚爸爸打电话来说，小刚每天放学就去电玩城玩游戏。你这几天放学回家很晚，是不是也去玩游戏了？"

小琪一头雾水，因为考试的原因，小琪这几天放学后留在教室复习功课，妈妈是知道这件事的。面对爸爸的质问，琪琪说道："我这几天放学后在教室复习功课啊，而且这次期中考试我还进步了不少呢！"

"你不要辩解了，找借口是没有用的。明天我去学校问问你们老师就知道了，你说进步了，难不成考进班级前十名了？"爸爸反驳道。

小琪非常委屈，泪水在眼睛里打转，低着头不说话。

小琪的爸爸直接否定了小琪的话，根本不听小琪的辩解，这让小琪很受伤，对爸爸失望极了，已经不愿意再去辩解，也不愿意再和爸爸沟通。父母在孩子说话的时候，不能急于否定，父母经常否定孩子的话，会让孩子对父母很失望，孩子会觉得自己一直被否定，自己的意见无足轻重，以后都不愿意与父母进行沟通，这样非常不利于孩子健康成长。

3. 不要斥责孩子“不许顶嘴”

孩子顶嘴是每一位家长都会遇到的问题，其实，孩子在成长中都会经历这个阶段，这是孩子正常的成长表现，这说明孩子开始有独立意识，对事物有自己的见解。无论是哪一个年龄层的孩子，顶嘴对于父母来说，都是相当困扰的问题。如果父母处理不当，不但会阻碍亲子间正常的沟通，而且对孩子将来的人际关系与心智发展会造成不良影响。

有些父母面对孩子的顶嘴，会直截了当地对孩子说“不许顶嘴”。其实，遇到这种情况，父母不妨说：“我理解你的感受，但是你能换一种口气说吗？”或者这样说：“孩子，我不喜欢你这样说话，你可以用道理来说服我。”如果孩子正在气头上，父母可以说：“我知道你现在很生气，等你冷静下来我们再谈好吗？”

父母应当明白，在父母面前，孩子喜欢直言不讳地表达自己的意图，很少会遮遮掩掩。所以，在孩子顶撞你时，你应该问问自己：“究竟发生了什么？孩子想要表达什么？”当你明白了孩子的意图后，你就会理解为什么孩子会突然变得那么粗鲁。从孩子的角度考虑问题，有助于父母缓和气氛和自己的情绪，父母这么做也是给孩子做出了榜样，教他学会控制自己的情绪。

4. 不要急于纠正孩子“出格”的想法

孩子的“出格”，常常是其独立性、创造性的发挥和表现。孩子的“出格”思想和言行，有时是针对传统思想的束缚而产生的。传统观念认为是这样的，而具有“出格”思想的孩子偏偏认为是那样的，这显示出孩子的独创性和自主性。虽然他们有时可能“钻牛角尖”或有失偏颇，但更多的时候，却是他们求异思维的表现，他们在试图独辟蹊径，从其他角度来观察和分析问题。

父母如果能理解孩子的“出格”思想和行为，对其进行正确的引导，不仅有利于孩子独立性的发展，而且还有利于孩子求异思维和创造性思维的发展。因此，父母要正确理解孩子的“出格”思想和行为，不要粗暴地对其加以制止。交流、沟通是走进孩子心灵的最好方法，面对“出格”的孩子，与其进行良好、有效的沟通，有利于引导他们走向正确的道路。每个父母都应该提高自己和孩子交流沟通的能力，只有如此，才能够走进孩子的心扉，摸透孩子的想法，也才能采取具有针对性的措施应对孩子的“出格”行为，高效地引导和教育孩子。

总之，孩子在成长的过程中会遇到各种各样的问题，父母要根据孩子的需要来解决问题。在这个过程中，父母要尽可能让自己有耐心，不能随意打断孩子的话，认真倾听孩子的话，体会到孩子内心的想法，才能让孩子和父母之间的沟通更为顺畅。

听出孩子的弦外之音

在家庭教育中，父母不仅要多与孩子进行沟通，还要善于倾听孩子的弦外之音，理解孩子的话中话，这样可以增进沟通，有利于理解孩子内心的真实想法。父母应该做的是：认真听完孩子的话，不仅要明白孩子的表面意思，更要听懂孩子的弦外之音，了解孩子的真实意图和想法。

相信很多人都有这样的经历，有时候不想直接表达自己的想法，而选择用隐晦的方式表达自己想说的话，并满心希望听这话的人能听出弦外之音。孩子也会有这样的时候，当孩子渐渐长大，他们越来越渴望得到话语权，希望被父母尊重、认可。但是，孩子有时候又不愿意将心中的想法直接告诉父母，而是用一种隐晦的方式来表达自己的想法。这时，父母就应该细心观察孩子的一举一动，揣摩孩子的心思，理解孩子话中的弦外之音。

有家长告诉我，她自己是个“直肠子”，喜欢有话直说，但是她的孩子说话却喜欢“弯弯绕”，有时候正话反说，有时候旁敲侧击，简直是“言路十八弯”。我告诉她，教育孩子是个“精细活”，听话要听音，只有听出了孩子所说的话的弦外之音，才能更好地了解孩子的需求，有针对性地帮助孩子解决问题。

情景一：

儿子看见邻居家的小朋友在吃冰激凌，抬起脸庞，对爸爸说："爸爸，天气好热啊。"

情景二：

妈妈对女儿说："你怎么还在看漫画书！"

女儿回答说："妈妈不是说让人快乐的书就是好书吗？漫画书让我快乐，不就是好书吗？"

情景三：

君君说："爸爸，老师今天表扬明明了。"

爸爸说："是吗？那你可要向明明学习啊。"

说完这句话，爸爸发现君君的眼神竟然有些黯淡。

这三个例子是不是经常发生在我们身边呢？孩子们都是很聪明的，他们会运用联想、比喻、反问、启发等方式去表达自己的真实想法。为了更好地与孩子沟通，为人父母者要学会听懂孩子的弦外之音，仔细琢磨孩子话里的深层意思。

最近一段时间，娜娜总是跟妈妈"唱反调"：娜娜每晚睡前都要喝牛奶，可是当妈妈给她拿来牛奶之后，她却说："我不喝。"

外婆很疼爱娜娜，娜娜也很爱外婆，可是，当妈妈带娜娜去给外婆买礼物的时候，娜娜却很不高兴地说："我不想让妈妈给外婆送礼物。"

爸爸出差回来，问娜娜："想爸爸没有？"她却回答说："不想！"事实上，就在前一天晚上，娜娜还因为想爸爸哭了一场呢。

遇到类似的情况，家长要仔细琢磨一下孩子的弦外之音。当孩子每天都要喝牛奶却对你说“不喝”的时候，其实她是在跟你开玩笑；当她说“不想让妈妈给外婆送礼物”的时候，她可能是想自己送礼物给外婆；当孩子对爸爸说“不想”的时候，其实是在说“我很想你”。聪明的父母一定可以觉察出这一点的。

有些家长可能会觉得，孩子这么小说话就会拐弯抹角了？其实，这并不是孩子学坏了，而是孩子长大了，他们能够通过一些非正面的描述来表达自己的想法。从某种意义上说，孩子有了这样的举动，说明孩子的思考能力增强了，思维活跃程度提高了。

当孩子学会利用弦外之音来表达自己的想法时，父母要以平常心积极应对，多与孩子沟通，尽快明白孩子的真正意图，这样才不会给孩子造成不适感和挫败感，才能实现和孩子的畅通交流。

那么，遇到这种情况，父母应当如何应对呢？

1. 对孩子的感受表示接受和尊重

当孩子话中有话时，父母应当安静、专心地倾听，耐心地听完，不要过早地给予评判。父母可以不接受孩子的行为表现，但要接受他的感受。例如，当孩子说他对小伙伴的行为有多么不理解或有多么生气的时候，父母要接受孩子的感受，肯定孩子有这样的想法很正常，并告诉他要用正确的行为来表达自己的想法。

2. 告诉孩子你所听到的内容以及你的想法

当孩子与父母交流时，父母应该不时地总结或复述孩子所讲的内容，包括孩子的感受以及导致这种感受产生的原因。当然，不能只是倾听和理解孩子的话，父母还必须对孩子所说、所想及所感的事情做出反应，对于自己还不太理解的内容应该及时向孩子询问，真正弄懂孩子的弦外之音。

3. 对孩子的感受和想法进行猜测和求证

在倾听孩子诉说时，父母还应仔细观察其面部表情和身体动作，并及时对他的感受和想法进行猜测和求证。例如，可以问孩子："这件事是不是让你感到非常生气？""你的意思是不是想要……"以此来了解孩子真实的想法。

如果第一次猜测不正确，要再试一次，鼓励孩子帮助父母纠正他们的猜测。只有了解了孩子真实的感受和想法之后，父母才能给他提供有价值的忠告、建议，或教他用正确的方式解决问题。

总之，在孩子试图跟父母沟通的时候，父母不能把孩子的话当做"孩子话"，必须认真对待，否则就会导致孩子关闭自己的心扉。各位家长要认真对待孩子的倾诉，理解孩子话里的弦外之音。

注意孩子的非语言动作

在与孩子沟通的时候，父母要学会做一个倾听者，关注孩子的语言，同时还要关注孩子的非语言动作，从孩子的非语言动作中了解孩子的真实意图，以此走进孩子的内心世界，掌握孩子更多的信息，正确引导和教育孩子。

很多学生喜欢上我的课，学生们说我讲课经常是"手舞足蹈"，声情并茂，富有感染力。因为我知道，一个人传递信息有多种方式，语言只是其中的一种，肢体动作、表情、神态等都可以作为语言有效的补充，甚至它们单独也能传达信息。我教育学生时，习惯观察学生的表情，这可以帮助我弄清楚学生的真实想法。家庭教育也是如此，父母在与孩子沟通时，要注意孩子的体态语言，孩子的体态语言包含着丰富的信息。孩子的体态语言有很多表达方式，即使是相同的意思，也可以借助不同的体态语言表达出来，父母要多了解孩子的内心感受和情绪变化，注意观察和了解孩子的体态语言，借此了解孩子的真实意图。

父母还要对孩子的体态语言认真分析，及时反馈，如果父母没有发现孩子表露自己真实意见或想法的体态语言，或没有及时对孩子的表现进行回应，孩子就会失去向父母表达自己意见和想法的积极性。

孩子的体态语言如果能得到父母的重视和认可，孩子会觉得父母是完全可以信赖的，觉得他周围的环境也是安全的，这对孩子的心理发展是大有帮助的。

亮亮是个爱动的孩子，时常需要妈妈的提醒来帮助他约束自己的行为。

一天，妈妈正要带他去公园玩，家里却来了客人。亮亮看见客人后，脸上马上露出了不悦，转身进了自己的房间。

妈妈从儿子的表情和动作中看出了他的不满，就跟进了房间，告诉他要做懂礼貌的孩子。亮亮很听话，开始帮妈妈招呼客人。吃饭的时候，亮亮看到自己最喜欢吃的小龙虾，就想站起来去夹。可当时客人还没有开始吃，妈妈用眼神暗示亮亮，要等客人吃了之后再吃，亮亮明白了妈妈的意思。客人离开之后，妈妈夸奖亮亮是个懂事的孩子。

生活中，孩子还可能会表现出一些不太正常的现象，比如没精神、哭闹不停、发脾气、不讲理等，孩子之所以出现这些行为和情绪，可能是为了引起父母对他们的关注。这时，父母就要给予孩子适当的关注，弄清楚孩子的真实想法。

1. 关注孩子的面部表情

孩子情绪和感受的变化，最早会体现在脸上，比如孩子笑的时候说明心里是高兴和愉快的；哭的时候可能是委屈、悲伤的；孩子点头，表示同意；摇头，表示否认；眼神集中，说明孩子对该事物感兴趣；面露疲惫，说明孩子觉得无聊等。

小辉是个害羞的孩子，很少和妈妈说心里话，甚至不会告诉妈妈他喜欢吃什么，喜欢玩什么游戏。妈妈很着急，担心小辉这样的性格将来无法适应社会。

小辉不爱说话，妈妈就从他的表情上发现问题。妈妈提出带小辉去游乐园玩，她看到小辉脸上露出兴奋和喜悦的表情，母子俩就高高兴兴地去游乐园玩了。

到了游乐园，妈妈想让小辉玩旋转木马，但小辉脸上的表情似乎有些不情愿，他转头看着旁边的小火车。妈妈明白了小辉的意思，问他："你是不是想玩小火车？"小辉点了点头。妈妈就带着小辉去玩小火车了。小辉脸上露出了笑容，妈妈也很开心。

面部表情具有直观性和形象性，父母掌握了孩子的面部表情变化，才能更好地把握孩子的情绪和心理变化。

2. 留意孩子说话的语调和语气

孩子的非语言表达方式有很多种，语调和语气是其中很重要的形式。孩子如果感到紧张、恐惧，就会出现说话结巴的现象；孩子思考问题时，可能不会有语言或动作上的反应；孩子语速快，说明他情绪很激动、兴奋；孩子故意加重语气，可能是为了引起父母的注意等。这些都需要父母留心。

聪聪的妈妈发现自己钱包里少了10元钱，她问聪聪这件事时，聪聪说话遮遮掩掩，语气和语调很不自然，于是妈妈断定是聪聪拿了这10元钱。但妈妈并没有立即揭发聪聪的行为，她想知道聪聪拿钱做什么。

聪聪放学回家后，直接进了自己的卧室，妈妈从门缝里看到，聪聪开心地看着一个漂亮的文具盒，妈妈心里便明白了。吃饭的时候，妈妈先给聪聪讲了诚实的重要性，又给他讲了“小偷小摸”的危害。

聪聪听后一脸羞愧，随后说出了他偷偷拿钱买文具盒的实情，向妈妈承认了错误，并且保证这样的事情不会再发生了。

父母可以从孩子说话的语调和语气中，窥探出孩子的内心世界，再给予孩子适当的鼓励，孩子会更积极地和父母说出心里话。

3. 注意孩子的举止

当父母向孩子说教时，孩子可能会用手捂住耳朵，或者会故意做别的事情，这是在向父母传达“我对你说的话没有兴趣“这样的信息；如果孩子注视着父母，安静地听父母说话，说明孩子对父母的话题感兴趣，这时再对孩子施教，就容易取得理想的教育效果。

小盈的妈妈是个爱慕虚荣的人，常常在外人面前称赞小盈的成绩好，在家里很听话，这让小盈有些反感。

妈妈带小盈去超市，路上遇到了李阿姨，李阿姨夸奖小盈乖，然后数落起了自己的孩子如何不听话。妈妈就和李阿姨说个没完，甚至将小盈的隐私都拿出来炫耀，小盈烦躁地捂上了耳朵。妈妈很尴尬，认识到自己在孩子面前的说话方式不恰当，便及时中断了谈话。

孩子的心理和情感变化的信息，都可以在孩子的细微动作中体现出来，父母要根据孩子的动作了解孩子的内心活动，从而调整教育孩子的方式。

4. 给予孩子积极的情感反馈

冰冰很喜欢踢足球，他每天都要踢球，还是学校足球队的主力。最近，学校足球队和其他学校进行比赛，冰冰所在的足球队取得了第一名的好成绩。回家后，冰冰兴高采烈地向爸爸讲述了自己在比赛中的表现，还手舞足蹈地比画着。爸爸看到孩子如此兴奋，就关上电视，专心看孩子的表演，还不时地对孩子的动作进行称赞，夸奖孩子表现好。

冰冰从爸爸那里获得了积极的回应，更加有信心了，决定把踢球的热情用在学习上，在学习上也争做第一名。

当孩子想要表达的信息通过体态语言传达出来的时候，细心的父母要理解孩子的情绪感受，与孩子进行眼神的接触，或者用点头的方式表示对孩子所说的话感兴趣。父母只有给予孩子积极的情感反馈，才会使孩子对自己有信心，才有利于孩子的身心健康。

总之，家长在与孩子沟通的时候，不仅要关注孩子的语言，还要关注孩子的非语言动作，了解孩子的内心世界，做孩子真正的朋友。

5 CHAPTER 5

第五章

学会沟通，经常与孩子作正向的对话

不要板着面孔和孩子说话

许多家长都认为，在孩子面前应该保持家长的威严，让孩子害怕自己的权威，这样孩子才会听话。所以，大多数家长在与孩子沟通时，都会板着面孔和孩子说话，但这样往往适得其反。与孩子交谈时，父母如果没有亲切感，孩子面对严肃的家长，是不可能把心里话吐露出来的。

我曾遇到一对亲子关系紧张的父子，这个孩子是我班上的学生，我在私下里问这名学生："你为什么不喜欢你的父亲呢？"这名学生不假思索地说："因为他老是板着脸训斥我，我不喜欢跟他说话。"我听了不禁莞尔，都说父子是一对天生的冤家，难道没有缓和之道吗？我联系到这名学生的父亲，问他平时是否经常训斥儿子。这位父亲理直气壮地说："对于这个熊小子，必须好好教训，我必须树立父亲的威严！"

我告诉他，家长如果总是板着面孔与孩子说话，孩子就容易和家长形成对立甚至对抗关系，这绝不是好的亲子交流方式。父母对孩子多一些微笑，多一些尊重，多一些理解，孩子也会对父母多一些尊重和“服从”。在我的劝导下，这位父亲渐渐改变了说话方式，亲子关系也缓和了不少。

鹏鹏今年5岁，在客厅里玩，爸爸走过来，扫了客厅一眼，发现沙发上、地板上、茶几上都是鹏鹏的玩具。爸爸便对鹏鹏说：“快点把你的玩具收拾干净！”

鹏鹏嘟哝着：“我还没有玩够呢，我的小马刚拼到一半，我要再玩一会儿。”

爸爸听了儿子的话，说：“你都玩了一个下午了，马上就天黑了，赶快收拾好！”鹏鹏没有听爸爸的话，一直认真地拼着小马。妈妈看到爸爸要发脾气了，急忙走过来，对鹏鹏说：“鹏鹏，你拼好了就去吃饭，好吗？妈妈先帮你收拾其他的玩具。”鹏鹏听后，乖乖地点了点头。爸爸见状，摇摇头走开了。

鹏鹏不愿意听爸爸发号施令，是因为他已经有了独立的思想，有了独立思考问题、独自决定要做什么的能力。孩子做任何“坏事”或不听“命令”，都是有原因的。

孩子的世界有孩子的规则，父母若不按照孩子的意愿来，板着面孔命令孩子如何做，就会给孩子的心理带来伤害。父母要尊重孩子鲜明的个性和独立的人格，学会从孩子的角度考虑问题，只有这样，孩子才会乐于同父母交流，才会乐于接受父母的指引。

因此，比起板着面孔的父母，常常对着孩子微笑的父母更受孩子的喜欢。为了孩子的健康成长，为了家庭关系的和谐，各位家长都要努力做个“微笑父母”。

1. 分析孩子拒绝服从的原因

要求孩子做某事如果遭到拒绝时，父母要分析其中的原因。很多时候，不是父母说的话不正确，而是父母的态度有问题，如板着面孔教训和命令孩子就会让孩子反感，孩子就很可能拒绝听从父母的话。

一天晚上，贝贝正坐在电脑前玩游戏，妈妈一看时间已经九点半了，就板着面孔命令他道："还不快去洗漱睡觉？"贝贝回过头，瞪了妈妈一眼，撇了撇嘴说："我马上就去睡。"妈妈见儿子正在兴头上，也发现了儿子不满的表情，她意识到自己的口气可能不好，于是就缓和了一下语气，对儿子说："我看你玩得很高兴，要不你再玩十分钟，十分钟后就去睡觉，好吗？"贝贝高兴地点头答应了，十分钟后他主动关上电脑去洗漱了。

父母学会分析孩子拒绝服从的原因，就可以找到让孩子乐于服从的方法。要知道，孩子不是一味地想抗拒父母，只是希望父母能够对自己多一点儿尊重和理解。

2. 学会征求孩子的意见

孩子是一个独立的个体，会有自己的想法和意愿。父母懂得征求孩子的意见，就是对孩子最大的尊重。

小高今年3岁，妈妈常常端着碗追小高，让他吃饭，但小高还是不乐意吃。有一天，妈妈为此生气了，就打了小高两下。

一个星期后，小高突然对妈妈说："我要打你，你是坏妈妈。"妈妈大吃一惊，说："妈妈很爱小高啊，你为什么这样说？"小高说："你有时候打我，你是坏妈妈。我都吃饱了，吃不下了，你还要我吃，妈妈坏。"妈妈听后不禁愕然。

孩子不服从命令，父母要思索：我下达命令时，征求过孩子的意见吗？孩子的意见是父母的命令能否推行的关键。孩子不服从命令会有自己的原因，父母要尊重孩子的意愿。

3. 用“引导”代替“指导、教导”

父母板着面孔用“指导、教导”的口吻来教育孩子，会引起孩子的反感，孩子往往会拒绝听从父母的话。孩子有自己的个性及处世原则，父母板着面孔教育孩子对孩子来说并不合适。父母若经常板着面孔说话，只会造成亲子之间的误解和隔阂。孩子有了问题，父母要给出改进建议，要多以平等、尊重的态度好好引导孩子。

4. 尊重孩子好的提议

父母希望孩子遵从自己号令的同时，也要允许孩子表达自己的意愿。如果孩子的提议更好，父母要给予鼓励，并认真采纳。孩子好的提议，不应该被看成是抗议，孩子的理由也不要被看成是狡辩。父母在发号施令时，面对孩子的这些异议，要给予孩子尊重，这样不仅有利于孩子遵从父母的指引，也有利于孩子的身心健康。

为人父母者都想塑造好孩子的性格和品质，但孩子并不是一块可以随意拿捏的橡皮泥，每个孩子都有自己的创造性，每个孩子都会对自己遇到的事情做出反应，每个孩子也都在努力地塑造自己。家长的责任是引导孩子，而不是教训孩子，请家长们不要总是板着面孔教育孩子，要有意识地培养亲子之间和谐的交流氛围。

别用命令的语气和孩子说话

命令往往不是一种有效的教育方式，它既不利于父母和孩子之间建立良好的关系，也不利于孩子完善人格的形成。因此，父母在生活中要注意和孩子沟通的语气，尽量不要用命令的语气跟孩子说话，要让孩子感觉到自己和父母处在平等的地位上，孩子得到了父母的尊重，才会自觉地去做父母交代的事情。

苏联教育家巴班斯基说："父母经常用命令的口气对孩子说话，叫孩子做事，会使孩子产生逆反心理，很难收到预期的教育效果。而一直在命令中做事的孩子，会缺乏主动性，容易形成懦弱的性格，不利于孩子的成长。"

在现实中，经常有父母习惯命令孩子干这干那。在很多家长的意识中，孩子什么都不懂，做家长的管教孩子是理所当然的。他们认为，对孩子发号施令是做父母的权利，孩子还小，需要父母给他们指示和命令。有的家长为了维护自己作为父母的威信，刻意去塑造一个高高在上的家长形象，对孩子的口气也是命令式的。我一贯主张营造和谐、平等、民主的师生关系和亲子关系，当遇到孩子不听话的情况，父母应该用温和的语气要求和引导孩子。对于孩子正确的言行，应给予肯定和赞扬，对其错误的言行，则应认真地向他说明不能那样做的道理，而不能一味简单地以命令的语气来要求孩子，这非但不能解决问题，反而会使矛盾激化，会伤害孩子的感情，也会恶化亲子关系。

小旭今年9岁了，他一直是个很听话的孩子，可是随着年龄的增长，妈妈发现他没有以前那样爱她了。

一次，妈妈回家后，小旭迫不及待地把学校里的事情讲给妈妈听，可是妈妈很累，根本就没有心思听他说话，就不耐烦地打断了他，让他去给自己倒杯水。

倒水回来，小旭还想把话说完，可是妈妈却用很强硬的语气命令他去写作业，小旭很不情愿地走回自己的房间。

吃完晚饭后，妈妈再让小旭把话说完，小旭却不想说了，低着头回到自己的小屋去了。后来，妈妈再让小旭帮忙干活，他也不会乖乖地去做了。

与孩子进行语言交流是父母和孩子保持有效沟通的主要途径，如果父母总是用命令的语气和孩子说话，就把双方沟通的桥梁给堵塞了。父母和孩子之间不能相互理解，教育的目的也就难以达到。

望子成龙、望女成凤是每位父母的心愿，父母都希望孩子能取得好的成绩，但在教育孩子时，父母要平心静气地说话，尽量避免使用命令的语气，这样既不会伤害孩子的自尊心，又不会破坏父母和孩子之间的关系。

父母要学会尊重孩子，站在和孩子平等的地位上，与孩子进行朋友似的谈话，即使孩子和自己的想法不一致，也不能一味地严令呵斥，将自己的意见强塞到孩子的头脑中。

为人父母者在与孩子说话时要注意以下几个方面：

1. 请孩子帮忙时要用请求的语气

大部分父母都觉得孩子就应该听自己的话，于是，父母让孩子帮自己做事的时候就会心安理得地使用命令式的语气，比如："快，把拖鞋给我拿过来！""不是让你把垃圾拿出去吗？怎么还不去做？""赶紧把桌子擦一下，磨蹭什么啊！"……

然然5岁，是个乖巧的孩子。一天妈妈下班后回到家很累，想让然然帮自己拿拖鞋，就用命令式的语气对他说："赶紧把我的拖鞋拿过来，让我换上。"然然看了妈妈一眼，像没听懂似的继续玩玩具。妈妈意识到自己说话的语气有问题，就换了个态度，和蔼地对儿子说："宝贝，妈妈很累，帮妈妈把拖鞋拿过来，好吗？"然然听了妈妈的话，高兴地把拖鞋拿过来递给妈妈，还帮妈妈把皮鞋放到了鞋架上。

孩子从心里认为自己是独立的，有自己的地位和尊严，他们渴望得到父母的平等对待。尊重不是一句空话，在生活中，父母要将孩子看成一个独立的个体，尊重孩子的人格。只有被父母尊重，孩子才能学会尊重他人，这是孩子具备健康人格的首要条件。所以，父母要求孩子帮忙时，注意语气不要太强硬。

2. 要感谢孩子帮忙

有的父母认为孩子给自己帮忙是应该的，所以不会在孩子帮完忙后对孩子说声"谢谢"。每位父母都希望孩子成为懂得感恩的孩子，但父母却没有将感恩体现在自己的行动中，懒得对帮了自己忙的孩子说声“谢谢”。父母的这种做法会潜移默化地影响到孩子，使孩子也越来越不懂得感恩。

林林今年7岁，是个懂事的孩子，他知道妈妈工作很辛苦，常常自觉地帮助妈妈做力所能及的家务。每次妈妈下班回家后，他都要帮妈妈倒水喝，还帮妈妈揉肩捶背。每次林林主动为妈妈做事的时候，妈妈都不会忘记夸奖孩子，最后她还不忘认真地对林林说：“谢谢你帮妈妈做了这件事。”林林和妈妈之间的和谐关系，让很多人都很羡慕。

其实，父母要想与孩子保持和谐的亲子关系，只要改变一下对孩子说话的方式，以平等、温和、尊重孩子的协商式口气与孩子说话，让孩子体验到被尊重的感觉，就很容易建立起和谐的亲子关系。父母应该在日常生活的小事中以自己的切身行动影响孩子，当孩子为父母做了事，即使是很小的事情，父母也要真诚地对孩子说声“谢谢”，这样不但会强化孩子的感恩意识，还能建立起与孩子互相尊重和欣赏的关系，促进亲子沟通。

3. 允许孩子自己做出决定

父母要把孩子当成独立的个体，允许孩子自己做出决定，这是和孩子做朋友的基础。父母要放下高高在上的优越感和权威意识，放弃专制的教育方法，心平气和地和孩子交流，采用恰当的方式教育孩子，这样才会取得理想的教育效果。

小玉今年12岁，平日里总是很听爸爸妈妈的话。一个周日，爸爸说要带小玉出去玩，小玉非常高兴。爸爸要求小玉穿的衣服，小玉一点儿也不喜欢，可是爸爸却以要拍照为由让她换上了那件衣服。出门后,小玉说想去动物园看河马,爸爸却说那里离家太远,硬是带着小玉去了游乐园。小玉要坐碰碰车,爸爸又说碰碰车有危险不能玩。为此,小玉一整天都闷闷不乐,她对爸爸的印象也改变了,和爸爸的距离一下子就拉远了。

父母要想跨越和孩子之间的鸿沟,就不能总用命令式的语气要求孩子怎么做,而应该与孩子交朋友,了解孩子的内心世界,成为孩子的良师益友,促使亲子关系更融洽。

4. 学会与孩子商量

父母应放下权威的架子,把自己放在和孩子平等的位置,真正做到尊重孩子,不把自己的想法强加给孩子,只是提出想法和建议,让孩子自己选择。很多父母之所以不让孩子自主选择,是因为担心孩子犯错误,但是孩子正是在不断犯错、不断改正错误中成长的,父母应该给予孩子充分的信任。当父母的想法跟孩子有冲突的时候,不妨换位思考:如果有人不尊重我而只是要我听话,我会是什么感受呢?这样就会更多地理解孩子的行为和想法。

父母对孩子少使用命令的口气,多一些商量的方式,就会使孩子改变对父母的抵触,消除或减轻两代人的隔阂,从而使父母与孩子之间形成温馨友爱的氛围,这不但体现了父母很有修养、教育有方,也会使孩子变得更加懂事、可爱。

要知道孩子是一个独立的个体,他们有着自己的情感和需要。因此,父母不能总用命令式的口吻对孩子说话,要学会尊重孩子,减少威严感,增加亲近感,让孩子感受到父母和自己是平等的。父母在和孩子沟通的时候,必须放下架子,减少言语上的刺激,不要伤害孩子的自尊心。

不要在孩子耳边不停地唠叨

心理学研究证明，老调重弹，反反复复说同样的话，会让人产生一种习惯性的模糊听觉，也就是明明在听，却根本听不进去。因此，父母在批评孩子犯错误的时候，千万不要在孩子耳边不停地唠叨，让孩子心烦意乱，这样难以达到教育孩子的目的。

我曾问过班上的学生，你们最反感父母的哪些做法，结果很多学生都回答是“唠叨”。有的学生抱怨说，他们的妈妈特别爱唠叨：没有按时睡觉，妈妈会唠叨自己；吃饭挑食，妈妈会唠叨自己；没有取得好的成绩，妈妈会唠叨自己……唠叨似乎是中国家长的通病，但唠叨真的是教育孩子的好办法吗？显然不是。很多孩子不仅没有因为父母的唠叨改正自己的缺点，反而变得越来越抗拒父母的指令，父母的唠叨往往起到相反的效果。

爱唠叨的父母总是担心孩子，怕孩子干不好这干不好那，总是一遍又一遍地说教。实际上，父母要表达的意思几句话就能说完，反反复复地说，一遍遍地耳提面命，只能让人心生厌烦。当孩子犯了过错，有些父母喜欢长时间地指责孩子，喜欢新账旧账一起算，让孩子不胜其烦却又无可奈何。

黄军刚上七年级，现在他只要一听到妈妈开口，总是防御性地捂住耳朵或者躲开妈妈。星期天，黄军刚放下书包，妈妈就说：“快换鞋，然后洗手吃饭，妈妈早就准备好了。”黄军刚坐下来，妈妈又说：“多吃点蔬菜，什么都要吃一点儿，别只拣自己喜欢的吃。”

黄军进门后，还没说一句完整的话，妈妈已经唠唠叨叨说了很多话了。黄军只好说：“妈，我都记住了，你去忙吧。”妈妈知道儿子又开始厌烦了，就走开了。

吃完饭，黄军开始做作业。妈妈走过来说：“慢慢做，别着急，不会做的先放着，先易后难。”黄军说：“我知道了。”

黄军常向同学倒苦水：“我妈就是一个管头管脚的管家婆，我真是烦死了。”大家马上应和说：“是啊，我妈也是这样，只要我一做事，她准开始唠叨个没完。”

孩子在唠叨声中长大，对他的身心成长不利。孩子长期听父母的唠叨，会产生一种习惯性的模糊听觉，明明在听，却根本不入心。孩子上课时，就会严重影响他的听课质量。孩子听惯了唠叨，就会成为“金刚不坏之身”，就算是金玉良言，孩子也会将之挡在“心理防火墙”外。

父母经常唠叨孩子，就会让孩子形成心理惰性，对批评和说教都无动于衷，这样肯定达不到教育的目的，甚至会产生反作用。例如，处于青春期的孩子就容易因家长唠叨走向教育的反面，甚至变坏。父母本以为自己多唠叨，孩子能够变好，殊不知唠叨多了孩子就会反感，会更加不听话。唠叨式说教，是孩子最讨厌的教育方式。

既然父母的唠叨会让孩子厌烦，那么如果孩子犯了过错，父母应该怎样进行教育呢？

1. 把握住孩子的心理状态因势利导

如果孩子心情不佳，父母又偏要唠叨，容易出现火上浇油的现象，孩子很可能会被激怒。此外，有些孩子面对父母的唠叨，喜欢加倍地压抑自己，使心情差到极点。这两种情况都不利于孩子的身心健康。因此，父母要善于把平时对孩子的了解与孩子在谈话中的外部表现联系起来，细心地观察孩子的神情、言语、注意力和动作的变化等，从而准确地把握住孩子的心理状态。弄清楚孩子的心理状态，再通过有针对性的说教，因势利导，这样孩子才能真心接受你的劝告。

2. 要把握批评孩子的度

今天六点有足球转播，小海一回家就急忙打开了电视。妈妈走出来说："说过多少遍了，要先做作业再看电视，快把电视关了！"小海说："今天有足球赛，作业也不多，我一会儿就能做完的。"妈妈斥责他："一心想看电视，怎么能搞好学习呢？难怪你最近成绩下降了。"

小海的心情糟透了，每次看电视，妈妈总是这么唠叨，让他不胜其烦。小海气愤地关上了电视，走进了自己的房间。

对孩子的批评说教不能超过限度。孩子犯一次错，只能批评一次。如果非要再次批评，就不要简单重复上次的话，要换一个角度，换一种说法。这样，孩子才不会觉得父母揪住自己的过错不放，其厌烦心理、逆反心理也会随之减少。

3. 不要总是翻旧账

有些家长喜欢翻旧账，孩子一旦犯错，就把孩子的种种“恶行”全部数落一遍，越说越来气，越来气就会说得越多。其实，孩子犯错是正常的，每个孩子就是在不断地改正错误的过程中成长起来的。对于孩子犯的错误，家长应当就事论事，孩子犯了什么错就说什么错，哪次犯了错就说哪次的错，一码归一码，说太多了只能让孩子觉得你太唠叨。

4. 用简明的话语来表达

孩子犯了错误，父母要尽可能用简明的话语来表达意见，告诉孩子错在何处。如果孩子已经明白了，父母就不用再说了，孩子有什么需要改变的，父母就明确指出问题所在并提出自己的期望，耐心地指导孩子纠错。

5. 对孩子说的话要合理

孩子们都很聪明，接受信息的途径有很多，懂得很多东西。父母在说教时，不能信口胡说，如果父母与孩子所掌握的信息完全相反，孩子当然不会听父母的。父母在对孩子说教时，一定要合情合理，让孩子心悦诚服地接受。

6. 以行动代替说教

当孩子怠惰、不专心读书，父母说教无效时，不妨停止语言的劝诫，改为行动处罚，对孩子进行适当的处分，让他反省自己的过失。如果父母看到孩子有悔意，就不要再过多加以指责，受过处分之后，孩子一般都会改正错误的。父母教育孩子以少唠叨为妙，因为唠叨太多就变味儿了，不是在教育孩子，多半是家长在发泄自己的不满，向孩子倾倒苦水。

7. 和孩子一起做一些有意义的活动

有一个优秀老师曾说：“活动往往会使大脑动起来，在丰富多彩的活动中,更容易激发孩子的学习兴趣,找到孩子的兴奋点。”所以,与其喋喋不休地向孩子讲一些大道理,不如选择一些有意义的活动和一起孩子参加,通过活动来寻找更合适的沟通话题,加强与孩子之间的沟通,促进亲子之间的情感交流。

总而言之,大多数孩子都不喜欢父母的唠叨,各位家长如果真希望孩子进步,请找到科学合理的方法与他好好沟通,而不是靠唠叨来教育他。

用积极的暗示改变孩子

父母的暗示对孩子起着重大的潜移默化的作用,它可以从侧面影响孩子,从而避免了单纯的批评所容易导致的负面效果。面对叛逆的孩子,父母巧妙使用暗示教育法,往往能收到好的教育效果。

开家长会时,我曾告诉家长,父母的语言具有很强大的暗示作用,对孩子的影响是很大的。如果一个家长经常说孩子笨,那么这个孩子就会越来越差,因为当家长经常说孩子笨,笨这个词就会进入孩子的潜意识,孩子的行为就会慢慢向“我很笨”的方向发展,就让孩子对学习越来越没有信心,最后孩子就会真的“如你所愿”变成一个笨孩子。

一般而言，积极的暗示会让孩子朝着积极的方向发展，而消极的暗示则会让孩子朝着消极的方向发展。比如，孩子在做作业时有时会开小差，父母就训斥他“就知道玩，不肯好好学”；父母在别人面前称赞别人家孩子，批评自己的孩子；孩子考试进步了，父母不以为然；孩子成绩下滑，父母来一句“你就是不行”；孩子偶然一次大进步，父母来一句“瞎猫碰上个死耗子”；孩子竞选班长或团干部失败，父母给他个冷眼，说“你就不是那块料”……久而久之，孩子就会得到消极的暗示：“我真的不行”“我很差”“我没有能力做好这件事”等，这样孩子就会越来越不愿意去行动，也会变得越来越不行、越来越差。而如果父母经常表扬孩子“你这件事情做得真好”“你很优秀”，孩子就会得到积极的暗示：“我真的很优秀”“我行，我能”等，从而更积极地去行动，这样孩子就会变得越来越优秀。

妈妈在生慧慧的时候不太顺利，孩子一出生就缺氧，医生说慧慧以后可能会出现智力低下问题。

慧慧今年9岁了，出现了许多令妈妈头痛的问题，例如旷课、贪玩、一意孤行、偷窃、撒谎等，大家都说慧慧是个难以管教的孩子。妈妈却不认为慧慧难以管教，而是担心她有智力低下的问题。妈妈带慧慧看了七八家医院，也做了很多检查，结果显示慧慧智力水平完全正常，根本不存在智力低下的问题。慧慧之所以会出现这些问题，很大程度上是妈妈长期对慧慧进行不良心理暗示的结果。妈妈一直认为慧慧是个智力不太正常的孩子，而且常常通过言行表现出来。

在医生的建议下，慧慧妈妈深刻地反省了自己的教育方式，并在医生的指导下，开始有意对女儿使用良性暗示法，对她开始实施赏识教育。一句话、一个动作、一个眼神，慧慧妈妈都会深思熟虑，尽量给予慧慧正面积极的暗示。经过半年多的暗示教育，慧慧就像变了个人一样，以前的诸多令人头痛的问题完全不见了，现在大家都对她赞不绝口呢！

积极的暗示带来神奇的力量，对孩子的心理和智力都会产生良好的启迪作用。暗示教育实施得越早，对孩子的影响就越深远；暗示者与孩子的关系越亲密，作用就越明显。

因此，父母在教育孩子的过程中，要尽量避免批评和指责孩子，要多运用暗示的方法。那么，父母该如何用正面积极的暗示去影响孩子呢？以下几种暗示方法，各位家长不妨试试。

1. 眼神暗示

眼神是一种无声的语言，它能够比语言更细腻、更清晰地表达感情，更容易让孩子接受。比如，孩子做对了某件事，父母可以用欣赏的眼神看着孩子，孩子就会得到积极的暗示，觉得父母喜欢他、欣赏他，从而更愿意听父母的话，孩子与父母的关系也会更好。

2. 表情暗示

表情比眼神表现得更明确，父母的表情能对孩子传达多种信息，比如肯定、同意、可以、不能、不该等，可对孩子形成某种刺激，使孩子做出相应的反应。孩子做了好事，父母对他赞许地点一点头，孩子就会受到鼓励，增强自信。孩子经过努力，解开了一道题，父母对他会心地笑笑，孩子就会非常高兴，学习的积极性也会更高。这些都是对孩子最好的激励。

3. 言语暗示

当要表扬或批评孩子时，父母不妨采取迂回的方法，比如用讲故事、打比喻、作比较等方法把自己的观点巧妙地点出来，让孩子心领神会，在一种柔和的气氛中进行教育，这也是一种有效的教育方法。

4. 动作暗示

动作暗示就是父母用体态语言把自己的想法表露出来。比如，父母辅导孩子做作业时，发现孩子坐姿不正确，可以对孩子做几个挺胸的动作，并书写一两个字，让孩子接受这些暗示，孩子就会学着做。小孩子需要大人的爱护和关注，特别是父母常常在口头上赞许孩子的好行为，或亲亲他、拍拍他、搂搂他，这些动作都向孩子表达了父母对他的欣赏和鼓励，从而帮他建立起自信。

5. 情景暗示

情景暗示指的是父母对周围的环境刻意规划，以达到激励孩子的目的。情景暗示需要父母把握好适当的情景氛围，用生动感人的情景增强孩子的内心体验，引起孩子的愉悦情绪和探索兴趣，启发孩子积极主动地思考问题。比如，在孩子的卧室里张贴名人画像和名言警句等，这些都能起到很好的激励作用。

有位教育家曾说："你把孩子说成是天才，他就会成为天才，把孩子说成是笨蛋，他就会成为笨蛋。"所以，为了孩子的身心健康成长，为人父母者要多给予孩子积极的心理暗示。各位家长请从现在开始，改变自己不当的教育方式，不要盲目给孩子贴上负面标签，要多用积极的心理暗示来影响孩子，让孩子更加优秀。

通过说服教育劝导孩子

教育孩子不是一朝一夕能够完成的，而是需要家长在生活中随时随地劝导、熏陶孩子，用身教来影响孩子，用言教来说服孩子。这种做法会让孩子受益终身。当孩子犯错误时，家长不能总是对孩子指指点点，而是应该通过说服教育来劝导孩子，让孩子心悦诚服地接受家长的观点，就能收到事半功倍的教育效果。

有家长曾问我："如果孩子老犯错误，应该如何教育？"我反问她："你是如何处置的呢？"她说："我一开始骂他，再犯就打他。"这位家长不明白，其实靠打骂是教育不了孩子的，即使打骂能收到一时的效果，但是孩子并不心服口服，还会激起逆反心理。教育犯错的孩子，必须要靠说服。

说服教育要讲究方式、方法，在教育孩子的过程中，父母说服孩子的能力非常重要。父母说服孩子要有耐心，要讲究语言艺术，要言之有理，有感而发，用建议代替命令、指责；要全面了解孩子，实事求是，有的放矢，就事论事，准确把握教育时机。

雷雷今年才8岁，竟从家中偷了500元钱去买东西，一天之内把钱花得仅剩30元。雷雷的妈妈是在去买菜时突然发现钱包里的500元钱不见了的，她感到非常奇怪，仔细一想，儿子雷雷的嫌疑最大。回家后她问雷雷，雷雷起初不承认。雷雷的妈妈就寻找证据，发现雷雷的裤子口袋里有一张当日的超市购物小票，上面列有购买的各种食物和玩具清单。同时，雷雷的妈妈又在他身上找出30元钱，这下雷雷不得不承认。

据雷雷交代，钱是他前一天晚上拿的。早晨上学时，他在学校旁边的两家小店里先后买了几个悠悠圈，花去近300元，其中最贵的一个悠悠圈价值100元。下午，他又在一家超市买了一堆零食和玩具，几乎花光了剩下的钱。

雷雷的妈妈十分气愤，抓住儿子打了一顿，还把他关在房间里不让他出来。晚上吃饭时，她的气消了，心疼地开门让雷雷吃饭，顺便问儿子："你以后还敢偷钱吗?"雷雷头一歪，说："当然敢了，大不了再让你打一顿，关半天!"

上例中，雷雷最后说出的话是有原因的，因为他的妈妈没有找到恰当的时机和方式教育孩子，没有具体指出孩子错在哪里，这种错误有哪些害处，以打骂代替教育，雷雷当然不会服气的。

说服教育要特别注意揣摩孩子的心理，父母的话语符合孩子的心理特点，才能与孩子产生共鸣。父母在对孩子进行说服教育的时候，要采用孩子易于接受的方法。比如，可以采用讲故事、讲寓言等方式，可以采用讲典故、让孩子自己读文学作品等方式，这些都是父母应该学习和掌握的教育方法。

1. 通过赞美说服孩子

"数子十过，不如赞子一长"，赞美是教育孩子的良方妙策。

齐景公生性好玩，常常爬到树上去捉鸟。晏子想说服齐景公改掉这个恶习。有一天，齐景公掏了鸟窝，一看是小鸟，就又放回鸟窝里。晏子问："国君，您怎么累得满头大汗？"齐景公说："我在掏小鸟，可是掏到的这只太小、太弱，我又把它放回巢里去了。"晏子称赞说："了不起啊，您具有圣人的品质！"齐景公问："你怎么说我具有圣人的品质呢？"晏子说："国君，您把小鸟放回巢里，表明您深知长幼的道理，有可贵的同情心。您对禽类都这样仁爱，更何况对百姓呢？"

齐景公听了这些话十分高兴，以后再也不掏鸟窝了，而是更多地去关心百姓的疾苦。晏子成功地达到了说服的目的。

通过赞美说服孩子时，父母必须注意孩子的嗜好、习性、脾气，抓住孩子的心理特点，选择孩子真正感兴趣的事情进行赞赏，这样才能取得好的说服效果。父母还要注意褒奖适度，恰如其分，恰到好处，如果夸过了头，给孩子虚假的感觉，反而会引起孩子的反感。

2. 给孩子贴上正面的标签

父母很多时候都会无意中给孩子贴上某种标签，贴正面标签还是负面标签，对孩子的影响是截然相反的。

有一次，慧慧和妈妈一起到外婆家去玩，慧慧看到弟弟的遥控汽车后爱不释手，就抢过来玩，使得弟弟哭哭啼啼地向慧慧妈妈告状。慧慧的妈妈把慧慧拉到身边，对她说："我家慧慧最会玩玩具了，你去当弟弟的老师，教弟弟玩玩具，好吗？"慧慧愉快地当起了弟弟的"老师"，再也不好意思跟弟弟抢玩具了。

每个孩子都有优点，而且他们都希望得到父母的赏识。如果父母能够利用这一特点，在众人面前夸赞孩子，就可以使孩子愉快地接受教育。

3. 用讲故事的方式来说服孩子

在说服孩子的过程中，最令孩子反感的就是父母滔滔不绝地给自己灌输一堆大道理，而故事对于孩子来说则是容易接受的，父母不妨用讲故事的方式来说服孩子。

胡志强是个属鼠的孩子，由于他连续两次在考试中得了满分，不免有点飘飘然起来，总觉得自己是天才。为了教育儿子，妈妈便给他讲了一则故事：

“有只小老鼠见两个孩子在下兽棋，就悄悄走近前去看，结果发现：尽管兽棋中的老鼠可以被猫吃掉，被狼吃掉，被虎吃掉，却可以战胜大象，于是它认定老鼠是百兽之王。一天，老鼠趁着黑夜钻进了大象的鼻子，大象打了个喷嚏，小老鼠立刻飞了出去，扑通一声掉到了臭水坑里。孩子，‘自大’加一点就是‘臭’字，你这只小老鼠千万不要掉到了臭水坑里啊！要想避免这样的事情发生，就必须做到永不骄傲。”

听了妈妈讲的故事，胡志强觉得很羞愧，下决心改掉自大的毛病。

父母对孩子进行说服教育时，不妨利用故事等来妙喻说理，使孩子冷静深思、豁然顿悟，由此达到说服孩子的目的。

4. 用激将法激励孩子

激将法就是故意对人说贬低的话，激起对方的羞耻心和不服输的精神，借此激励对方努力。

上小学四年级的赵勇虽然成绩还不错，但是很贪玩，经常忘记做家庭作业。妈妈决定用激将法对他进行教育，她对赵勇说："今天我下班回来你没有完成作业，明天我这个时候下班回来，你肯定完不成作业。否则，太阳真的从西边出来了。"第二天放学后，赵勇先完成作业再玩，见到妈妈回来，他得意地拿出了做完的家庭作业。妈妈欣慰地笑了，因为自己的教育目的达到了。

调皮的孩子往往难以听进父母的劝导，潜意识中总有个"不"字，但如果父母根据其个性特点，巧妙地使用激将法，往往可以促使孩子改掉坏习惯。

5. 借比喻给孩子说明道理

说理不仅需要用抽象的逻辑思维来"证明真理"，而且离不开具体的形象思维去"显示真理"。所以，父母应该借助一定的事物将道理说得生动、具体、形象，比喻就是一种非常好的方式。

战国时期，孟子刚上学时对学习很有兴趣，但时间一长就厌烦了，经常背着母亲不去读书。孟母知道后非常生气。一天，孟母正在织布，看到儿子逃学回来，就拿起剪刀，当着儿子的面把织布机上的经线剪断，怒斥他说："我织布供你读书很不容易，这织布机上的布是一丝一线织起来的，现在剪断了就再也连不起来了。学问是点点滴滴积累起来的，你学习和我织布是一样的道理，经常逃学怎么能成为有用之才呢？"经过孟母的教育，孟子受到了深刻的教育和启发，从此刻苦学习，最终成为我国历史上著名的思想家。

父母要用新颖的形式和生动的语言，将教育孩子的道理，用趣事或实例传达给孩子，进而使孩子领悟教育的要求，明确进取的目标。

6. 利用具体情境说服孩子

仅仅依靠空泛的语言说教对孩子是不起作用的，父母要学会利用具体的情境跟孩子说话，因为在具体的情境中，教育才更有针对性，孩子也才能印象更深刻，记得更牢。

周日，妈妈带赵飞去公园里玩，当时天气炎热，很多人都在吃雪糕，垃圾桶旁边已经有很多雪糕包装袋，赵飞的雪糕袋子也没有扔进去，而是丢在了地上。

一位清洁工正费劲地捡着地上的袋子，妈妈觉得这是教育儿子的好机会，就对赵飞说起了清洁工的不容易，还教育他做个尊重他人的人。赵飞听了，觉得妈妈说得很有道理，就过去帮助清理垃圾，他不但将自己的袋子捡了起来，还将其他人扔的袋子都捡了起来。妈妈看到后很高兴。

父母应该学会利用各种情境对孩子进行教育，比如在餐桌上，可以教孩子基本的进餐礼仪；在公交车上，教孩子主动为老人让座；在公共场合，教孩子要爱护环境卫生，自觉将垃圾扔进垃圾桶里；在公园里，教孩子珍爱生命，禁止攀折花木等。此外，父母还可以创设具体的情境对孩子进行教育。例如，假设孩子的东西丢了，找不到了，心里很着急，父母可借此引导孩子不要随便拿别人的东西，捡到东西要主动归还。

CHAPTER 6

第六章

学会尊重，不要以爱之名行伤害之事

不能用打骂的方式处罚孩子

有一些父母对孩子动辄打骂，并且还为打骂行为辩解，说自己是为了孩子好。的确，父母的出发点是好的，但是用错了方法。教育孩子的正确方法是与孩子进行有效沟通，并给予合理的建议和引导，而不是打骂孩子。

我曾经问一个动辄打骂孩子的父亲："你为什么要打骂孩子？"这位父亲说："打是亲，骂是爱，不打不骂不成才。"我又问他："打骂孩子之后，你心疼孩子吗？后悔过吗？"这位父亲想了想，低下头说："其实每次打骂孩子后我都很心疼，也很后悔，但是看到他屡教不改，我的火气一下就上来了，就管不了那么多了。"

这位父亲说的看似有一定的道理，然而，打骂这种粗暴的教育方法，并不能达到教育目的。如果孩子经常挨打，时间一长，孩子一看到家长，就会感到害怕，不敢接近。因此，不管父母要他做什么，也不管父母的话是对是错，他都只会乖乖服从。在这种被动服从环境下成长的孩子，容易自卑、懦弱，这样的孩子往往唯命是从，精神压抑，学习被动，经常挨打的孩子，也会感到孤独无援。尤其是父母当众打孩子，更会使孩子的自尊心受到伤害，他往往会怀疑自己的能力，会觉得自己“低人一等”，显得比较压抑、沉默，认为别人都看不起自己。这样的孩子往往不愿意与家长、老师交流，不愿意和同学们接触，性格上显得比较孤僻，这样的孩子还容易产生说谎、冷漠、仇视、攻击等心理问题，而这往往会成为孩子日后出现不良行为、离家出走的根源，也会造成孩子走上犯罪道路或发生自残、自杀等令人震惊的事情。

王兵的父母原来在工厂上班，后来由于厂里不景气，二人都被裁员了。因此，王兵的父亲在街上蹬三轮车，王兵的母亲则在家操持家务，他们将全部希望都寄托在了儿子身上，希望他长大后能出人头地。在教育方式上，王兵的父亲信奉“棍棒底下出孝子”，而王兵的母亲则是百般劝阻丈夫，夫妻之间为此经常发生争吵。

在这种家庭环境中，王兵性格孤僻，成绩一直徘徊在中下游。王兵上九年级时，有几次考试不及格，为此王兵的父亲十分恼火，对他非打即骂。每当王兵挨打后，王兵的母亲总是偷偷地给他几元钱，让他去买点好吃的好玩的，并告诉他要做个乖孩子，好好学习，不要惹父母生气。然而这一切并没有效果，王兵的学习成绩每况愈下。

一天晚上，王兵的父亲在街上蹬三轮车，发现几个嘴里说着污言秽语的小青年正在调戏一个女孩子，其中竟然有儿子王兵，而且嘴上还叼着烟。王兵的父亲气得发抖，将儿子带回家，狠狠地揍了他一顿。事后，王兵的母亲搂住儿子，哭着哀求他要争气，不要学坏。

第二天，王兵像往常一样背着书包去上学，一整天都没有回家。母亲在王兵的床上发现了一封信，信中写着："我总是惹你们伤心，我走了，等混出名堂我再回来。"王兵的母亲很是焦急，而王兵的父亲则大骂："走了好，早死早好，不许你去找他！"

几天后，公安人员来到王兵家，告诉王兵的父母，王兵因参加一个抢劫团伙被抓住了。这一天，离王兵16岁的生日还有一个星期。

心理学家经过实践证明，存在各种心理和行为问题的孩子，大多是因为父母不了解孩子的内心，对孩子刻板地说教，粗暴地打骂，无情地压制，甚至从精神上虐待所导致的，这种教育方式严重地恶化了亲子关系，使孩子丧失了安全感和归属感，从而影响了孩子的身心健康和性格的健全发展。

在教育孩子的过程中，许多家长都陷入了"暴力误区"，他们期望用暴力促使孩子成长，结果适得其反——培养出来的孩子要么更加叛逆，要么具有暴力倾向。暴力教育能让孩子变得顺从，不会让孩子变得聪明懂事；能让他们变得听话，不会让他们变得自觉上进。暴力教育有一些暂时的、表面的效果，但它对孩子人生的恶劣影响是深刻而长久的。

打骂孩子是一种陋习，也是一种恶习。一位只知道用武力征服孩子的家长，无论他有多少财富，有多么显赫的地位，有多么高深的学问，打人的理由多么充足，都只能说明他是一位不明智的家长。聪明的父母是不会用打骂的方式教育孩子的，只有合理的教育才能培养出优秀的孩子。

所以，为了使孩子能够健康成长，必须杜绝打骂孩子，父母要改变以往的教育方式，对孩子要耐心细致地引导，告诉他如何将事情做得更好，做到循循善诱，以理服人，给孩子的成长创造良好的环境和快乐的空间。

为此，父母可从以下几个方面着手：

1. 孩子做错事，父母要控制自己的情绪

当孩子犯了错误或做出一些令父母难以接受的行为时，有些父母一时过于激动，控制不了自己的情绪，打断或者不听孩子的解释，训斥甚至打骂孩子，这是非常不可取的。

一位经商的父亲平时工作缠身，没有时间教育孩子。孩子经常迟到和旷课，上学时背上书包到教室转一圈，然后就去网吧，想干什么就干什么，放学后背上书包回家。

父亲一点儿也没发现孩子有什么异常。日复一日，孩子旷课累计超过了一定次数，学校要进行处分。老师叫来了父亲，父亲得知孩子的情况后大吃一惊。父亲回到家，对孩子使用“家法”，打得孩子低了头，认了错。表面上看这场风波平息了，孩子也不敢旷课了。可孩子的思想问题并没有解决。在回到学校后的几周内，孩子接连参与了多起打架事件。孩子害怕学校处分，更害怕父亲的斥责和毒打，于是离家出走了。

的确，孩子在父母的打骂下，或许会表现得听话、服从，但这样的教育效果往往很差，不仅会使孩子对爸爸或妈妈产生怨恨的心理，并且之后会采取隐瞒、撒谎、离家出走等方法来逃避父母的打骂，甚至还会以同样粗暴的方式对待别人。因此，在孩子做错事的时候，父母一定要先控制自己的情绪，以免在情急之下对孩子采取错误的教育方式。

2. 让孩子承担所犯错误带来的后果

父母要让孩子承担自己的错误带来的后果。比如，孩子赖床，没有按时起床，眼看上学就要迟到了，这时父母不要因此而打骂孩子，更不要急急忙忙地打车送孩子去上学，不妨让他按照平常的程序去做，比如让他自己乘坐公交车去上学，让他自己承担因迟到而被老师批评的后果。这样，孩子就会深刻地认识到自己的错误，也有更强烈的动力去改正自己的错误。

3. 帮孩子从错误中总结经验教训

孩子犯错后，父母不仅不要打骂他，而且还要包容孩子的过错，更重要的是，父母要帮助孩子从错误中总结经验教训，帮助他在以后的生活中避免再犯同样的错误。

孩子缺乏生活常识和社会经验，各种能力也不成熟，犯错是难免的。父母要抓住时机，采用正确的方式教育和引导孩子，让孩子意识到某些错误的严重后果，让他从错误中总结出更多的经验和教训，从而做得更好。

总而言之，作为合格的父母，要记住：不打骂孩子一样可以教出优秀的孩子。请各位家长永远不要打骂孩子，当孩子犯错时，要采用科学合理的方式对孩子进行教育。

不能说伤害孩子自尊的话语

说起对孩子的伤害，很多父母首先想到的可能是打孩子。但是，对孩子"软"伤害的危害要远大于对孩子的"硬"伤害。比如，批评孩子时过于尖酸刻薄、讽刺挖苦的话，对孩子的自尊心是致命的伤害。因此，父母在教育孩子的时候，说话一定要谨慎，不能不加思考，张口就说，要尽量避免使孩子的自尊心受到伤害。

孩子年龄小，难免会犯错误，对孩子进行批评教育是在所难免的。但是，批评孩子是需要讲究方法的。有一次，我在走访一个学困生的家庭时，这位学生的父亲在谈起孩子时，当着孩子的面说："这孩子贪玩，没出息，给你添麻烦了，真是不好意思。"孩子站在旁边，囧得满脸通红，恨不得找个地缝钻进去。作为老师，我很理解孩子此时的心情，我赶紧安慰了孩子，并夸他爱劳动、守纪律，孩子这才高兴起来。

批评孩子切忌使用容易损伤孩子自尊心的字眼，如"没出息的东西""蠢货""不要脸的东西"等。父母不经意的一句话，都有可能在孩子幼小的心灵上留下伤痕。心理学研究表明，人在早期所经受的一些刺激，会形成不同程度的心理阴影，甚至会对人的一生产生难以预料的影响。尤其对那些较为敏感的孩子来说，父母伤害他们的话语甚至会在他们心中留下永远的烙印。

经常遭受父母类似的“语言伤害”，孩子的心灵就会扭曲，即使成年之后，也会出现较多的行为障碍和个性弱点，难以适应社会。为了孩子的健康成长，父母要多注意自己的语言，不要以为区区几句过火的话不会对孩子造成多大的危害，就在气急之下口不择言地说出来。

南南的作文总是写不好，令老师和父母头疼极了。为了提高自己的作文分数，南南开始抄袭他人的作文。妈妈知道后，跟南南进行了一次交谈：“抄袭是不对的，你知道吗？”南南点点头。

由于南南一直一言不发，妈妈不耐烦地说了一句：“抄袭的人，素质极其低下，你知道不知道？”话音刚落，南南就起身回到自己的房间，砰的一声将房门关上了。

父母在教育孩子时，应该“对事不对人”，不要对孩子进行人身攻击。孩子抄袭，父母可以批评抄袭这种行为，但是不应该对孩子进行人身攻击，说孩子“素质极其低下”，这就是伤害孩子自尊和人格的言语。

父母作为孩子的第一任老师和最亲近的朋友，切不可用语言伤害孩子，要时刻注意对孩子说话时的语言和语气。

1. 不要讽刺挖苦孩子

孩子有时候可能会说一些大话，产生不切实际的梦想，这时，如果父母讽刺挖苦孩子，孩子的梦想就会成为空想。父母若是对孩子的梦想进行鼓励，孩子可能会从此开始发奋努力，总有一天会把梦想变成现实。

麟麟是一名小学四年级学生，成绩一般，无论是父母还是老师，对他的将来都没有抱多大希望，然而麟麟却自我感觉很好。

一天，妈妈从姥姥家回来，对丈夫说麟麟的姥姥生病了，医生查不出来是什么病，不知道该如何治疗。正在看电视的麟麟听到了父母的谈话，走到他们面前说："我长大后要当最好的医生，给姥姥治病。"麟麟的妈妈看着孩子认真的模样，想着他成绩一般，正想挖苦他一番，忽然意识到这正是教育孩子的好机会，于是笑着回答麟麟说："嗯，妈妈相信你能行。你现在好好学习，将来学习先进的医术，肯定能攻克你姥姥的病。"

麟麟听完妈妈的话，没有再去看电视，而是转身回房间学习去了。

父母们要像麟麟的妈妈一样，对孩子看似不切实际的梦想进行鼓励，而不是对孩子讽刺挖苦，这会对孩子努力学习产生很大的推动作用。

2. 不拿孩子的短处开玩笑

每个孩子都有短处，有缺点，父母一定不能拿孩子的这些弱点开玩笑。有时候孩子的言语表情可能让人发笑，但父母同样不能随便对孩子开玩笑，因为稍有不慎，父母就会在不经意间伤害孩子的自尊。

小锐今年上小学三年级，是个很敏感的孩子。一次，小锐感冒了，总是发烧，病了很长时间都没好。生病期间，小锐很少说话，妈妈天天都围着他转来转去，哄他开心，扮各种表情逗他说话。小锐看着妈妈滑稽的表情，脸上终于露出了笑容。

两天后，小锐感觉病好些了，就叫妈妈把自己的运动服拿来，他想到外面走走。因为发烧很多天，小锐的嗓子有点嘶哑。妈妈听到儿子开口说话，很高兴，又听到小锐声音沙哑，爱开玩笑的妈妈拿来衣服后对小锐说："你听听，你现在说话的声音就像是乌鸦一样，还是不开口说话的好。"说完之后自己哈哈笑了起来。小锐听到妈妈这样说自己，心里别提有多难受了。他一下子没有了出去散步的心情，看到妈妈拿来的衣服也没有穿。

妈妈没有意识到自己的话伤了孩子，问小锐为什么不换衣服。但无论她怎么问，小锐一直一声不吭。此时，妈妈才知道自己不经意的一句玩笑话伤害了孩子。

有些取笑孩子短处的玩笑话也许对成人来说不算什么，但孩子却会当真，甚至会因此受到伤害。所以，父母要避免随意拿孩子的短处开玩笑。

3. 跟孩子说话要选择恰当的语言

每个孩子都需要父母的夸奖，在赞赏中长大的孩子身心会更加健康。有些父母不会教育孩子，喜欢随意指责孩子，不顾及孩子的内心感受，这是不负责任的表现。因此，父母要多鼓励孩子，多采用积极的语言教育孩子。比如，孩子写作业很慢，父母可以这样说："儿子，你写字很认真，如果你写得快一些就更好了，这样你就有更多的时间玩了。"父母不要对孩子说伤害他们的话，尤其是在"恨铁不成钢"或气急败坏的情况下，父母更要保持理智，控制好情绪，千万不能嘲笑孩子，更不能用“傻瓜”“烦人”不要你了”之类的字眼，而应该用赏识的态度慎重选择恰当的语言，努力做到和风细雨、循循善诱。

“良言一句三冬暖，恶语伤人六月寒”，不同的话语表达出来的效果是截然不同的。父母要清醒地认识到语言伤害对孩子的影响，在思想上高度重视，不对孩子说伤害性的话语，以免对孩子造成语言伤害，酿成无法挽回的过错。

不能给孩子贴负面标签

孩子不管是否优秀，做父母的都应该以平常心对待，不能给孩子贴负面标签，应该多鼓励孩子，让孩子成长得更快。为人父母者，应该包容孩子身上的缺点和错误，抱着理解的态度给孩子尽可能少的批评，多一些鼓励，维护孩子的自尊心和自信心。

郑渊洁曾经说：“差生是差老师和差家长联手缔造的。”他用深刻、犀利的语言警告当代的父母：不要给孩子们贴负面标签，这种行为只会使得好孩子变成真正的差孩子。

赏识教育专家周弘说：“没有种不好的庄稼，只有不会种庄稼的农民。”农民如何对待庄稼，决定着庄稼的生死存亡；而父母如何对待孩子，也在一定程度上决定着孩子的未来。当父母将“笨孩子”“差生”“问题少年”等负面标签贴到孩子身上时，“聪明孩子”“优生”“阳光少年”就真的离孩子越来越远了。

磊磊的妈妈十分喜欢音乐，但是她成长的那个年代，经济条件有限，所以现在她把希望都寄托在儿子磊磊身上，希望他能完成自己的音乐梦想，将来当个钢琴家。为此，妈妈不惜花费大笔费用给磊磊买了钢琴，还给磊磊报了钢琴辅导班。

磊磊在妈妈的熏陶下十分乖巧懂事，每天吃完饭后总会很自觉地坐在钢琴旁练习一会儿，不过一直没什么大的进展。我们知道，学习钢琴，后天的努力很重要，天赋也相当重要，但是磊磊妈妈并没有意识到这一点。

一天，妈妈让磊磊弹一首曲子，可是磊磊总是弹错，妈妈生气了，对磊磊吼道：“你怎么这么笨，这首曲子教了你多少天了，还是学不会，像你这样还当什么钢琴家，简直是痴人说梦！”磊磊很委屈，辩解道：“我也很想弹好，可是我每天都练，就是弹不好啊……”

“弹不好你还有理了？我看你就是不用心，你真是太让我失望了。”妈妈气呼呼地说。

磊磊听完，低着头，小声啜泣起来，他觉着自己是个笨孩子，才惹得妈妈这么生气。在以后的日子里，磊磊总是觉得自己笨，而且越是这样想，越显得笨手笨脚，真的什么事情也做不好了。

给孩子贴负面标签，会直接伤及孩子的自尊心与自信心。心理学家研究指出，这种做法对于孩子来说，比让他们面对失败更为痛苦。有些父母一听到孩子的学习成绩不好，便不分青红皂白地责骂孩子，给孩子贴上负面标签，说他们是笨蛋，没出息。事实上，孩子一时的成绩与他是否会成为优秀人才，并没有直接的关系。

无论是什么原因，父母都不要轻易给孩子贴负面标签。对于孩子来说，这些负面标签可能会成为束缚他一生成长的界限与牢笼。当他面临重大挑战时，这些负面标签会一次又一次地出现在他的脑海里，使他没有足够的信心迎接挑战，最终与机会擦肩而过。父母们，从现在开始，请相信孩子，给他积极的暗示与期望，让他健康、愉快地成长吧。

1. 了解贴负面标签的坏处

著名认知心理学家加德纳认为，每个孩子都有其特殊的智能综合形式和理解世界的方式，如语言的、逻辑的、数学的、空间的等，所以当孩子热爱音乐而学习成绩不好时，别给孩子乱贴标签，不要说他“不是块学习的料”，这样可能会扼杀一个未来的音乐家。

父母应该积极、主动地去了解贴负面标签的坏处，了解正确的教育理念与方法，理性对待孩子某方面的不足，不给孩子消极的心理暗示。

2. 多为孩子喝彩

“恨铁不成钢”的父母，常常给孩子贴上负面标签，可是父母并不是真的希望孩子这样。因此，当父母想说“傻瓜”的时候，换成“其实你很优秀”，孩子就会真的越来越优秀。

小茹的成绩不好，即使她每天把自己关在书房里看书学习，她的成绩还是没有起色。妈妈无奈地问：“为什么你不努力一点儿，让自己的成绩更好一些呢？”小茹反驳道：“反正你们都认为我是傻瓜,我再努力有什么用?"

后来,妈妈每次都有意识地控制自己,当她想骂女儿"傻瓜"时,就换成"孩子,加油"。她发现这样做,不仅能让自己心情愉快,而且也能让小茹重拾信心。虽然小茹的成绩还不是很优秀,但是已经有了很大的起色。

当孩子考试不理想或者做事情失败的时候,父母应该多给孩子一些喝彩与鼓励。习惯给孩子贴负面标签的父母,则应该有意识地提醒自己,将那些难听的字眼换成鼓励的话语,给孩子积极的影响,鼓起孩子自信的风帆。

3. 给孩子积极的心理暗示

心理学家罗森塔尔曾经做过一个心理实验,证明孩子的成绩与教育者的期待是成正比的。因此,如果父母给孩子积极的心理暗示与期待,那么孩子便会成为优秀的孩子;如果父母给孩子贴负面标签,事情则会与父母的愿望背道而驰。

俊楠今年11岁,曾经是个令人头疼的孩子,他学习成绩不好,喜欢惹是生非。但是自从妈妈改变教养方式后,俊楠有了很大的进步。

有一次,俊楠的作文成绩又不及格,妈妈没有像往常一样骂他笨,而是笑眯眯地对他说:"没关系,妈妈觉得你下次一定会比这次好。"下次,俊楠的作文成绩果然有了进步。妈妈对他说:"妈妈相信你下次会更好。"这样一来,俊楠的作文越写越好。

当孩子学习成绩不理想时,父母可以积极地暗示他:"下次一定会比这次好！”当孩子不听话，四处惹是生非时，父母可以暗示他：“真正强大的孩子是从智力上打败别人的人。”这样，孩子的道路就会越走越宽广。

4. 不要用自己的看法埋没孩子的天性

成人虽然有更多的知识与经验，但他们也往往带着偏见与不足。因此，父母不应该用成人的眼光来看孩子，将孩子看扁。

齐玉喜欢画画，十分富有想象力。一天，她在画纸上画了一个人的身躯，并配上了一对洁白的翅膀，在她的四周还画了几朵飘浮的白云……齐玉的妈妈看到这幅画时，高兴地说：“这真是一位美丽的天使啊！”

当孩子在绘画中任意地将物体进行组合，如将鱼画到天上、添上翅膀，将树栽到屋顶、结出糖果时，不要责怪孩子，因为这在成年人看来，也许非常荒诞，但这却是孩子具有丰富想象力的表现。父母要看到图画后面的东西，才不会埋没孩子的天赋与灵性。

5. 抛弃盲目攀比的心理

当孩子的考试成绩出来时，父母不应该拿他的成绩跟比他更出色的孩子相比，而应该鼓励孩子与自己的前一次成绩相比，让孩子对进步感到高兴，这样才能使孩子的信心越来越足，干劲越来越大，进步越来越大。

各位家长要记住，孩子的心灵非常脆弱，父母不能随意打击孩子，而应当发自内心地尊重和接纳孩子，保护孩子的自信心，为孩子保驾护航，让孩子在人生的道路上扬帆远航。

不要随便拿孩子和别人比较

孩子有缺点不可怕，每个孩子的能力都是不同的，他们总会在某些方面有不足甚至是缺陷。这时候，如果连父母都看不起他们，总是拿他们与别人做比较，甚至嘲笑他们，孩子就会更加自卑，甚至自暴自弃。聪明的父母从来不会拿孩子和别人做比较。

我曾经见过不少家长这样“恨铁不成钢”地对孩子呵斥：“你这个孩子一点儿都不听话，你看人家×××，跟你一样大，可人家又听话，又聪明，学习又好，多给他父母长脸，你什么时候能像人家一样？”

我想告诉这些家长：拿自己的孩子跟优秀的孩子做比较，容易使孩子产生挫败感，不利于培养孩子的自信心。孩子的自尊自信是他积极进取、战胜挫折的精神动力，一旦孩子失去了自尊自信，自暴自弃，甘于平庸，他的人生就真的失去了希望。

面对这样的父母，心理素质好一点儿的孩子也许扮个鬼脸或赌气不理会，可心理素质差的孩子，就会产生排斥或逆反心理，即使嘴里不说，心里却十分恼恨。有研究显示，在影响孩子心理健康的因素中，家庭环境和父母的教育方式是最重要的。

父母给孩子树立榜样，拿自己的孩子和别的孩子比较，这种家庭教育方式相当普遍。在社会心理学家看来，比较对于一个人的心理发展具有两个重要功能。一是认识自己。人们大都是在与其他人的交往过程中进行比较从而认识自己的，每个人都是以他人为镜的。二是确立目标。人都需要在与其他人的比较过程中，找到自己的人生目标和努力方向。可父母这种比较其实是一种盲目的心态，主要表现在三个方面。一是不了解孩子的发展动力。在孩子的成长过程中，作用于孩子心理的力量有外驱力和内驱力两种，外驱力来自环境，内驱力则是孩子内心深处的需求，即孩子在成长中所树立的价值观和形成的追求目标，而外驱力则剥夺了孩子自身的能动性，使孩子在人生的旅途上成为一名乘客而不是司机。二是忽略了孩子成长的个性因素。每个孩子都是独立的个体，和其他孩子没有太多的可比性。三是不懂得不同家庭的教养方式会培养出不同的个体。

如果在比较的过程中，父母对孩子有不切实际的期望，孩子总也达不到父母的要求，父母就会否定孩子，进而发展到孩子自我否定。于是，孩子在成长中遇到困难就会恐慌、退缩，进而对孩子的心理造成伤害。

一次月考后，班主任发现明明的情绪不太正常，就连忙叫来明明询问情况，明明却什么都不说。于是班主任便向明明的好朋友方方了解情况，班主任这才知道明明情绪反常的具体原因。

事情的起因是这样的。这次月考，明明的成绩在班上排名第15，年级排名第68，进入了前100名。总的来说，明明这次进步了。上次考试,明明在班上排第25名,在年级排第152名。

可是,当满心欢喜的明明回到家,并没有得到父母的鼓励,而是被父亲狠狠地训了一顿:"我像你这么大的时候,想上学还没条件呢!可我们为你创造了这么好的学习条件,你就这样来回报我们?你看看人家龙龙,为什么人家能考第一,你就不能考第一?你真是让我们失望……"

"又来了,我就没有让你们满意的时候。你说,你们啥时候说过我好?反倒总是把龙龙挂在嘴边。是不是他是你的儿子,我不是?"

明明的话激怒了父亲,父亲打了明明一巴掌,愤怒的明明竟然跟父亲动起了手。

了解这一情况后,班主任与明明进行了一次单独交流。明明告诉班主任说:"我经常都不知道自己在想什么,也不知道自己想要什么。好像从记事时起,我的父母就不断地拿我和别人比较,既然他们认为别人好,就让别人做他们的儿子好了。再说我不是不想学好,我也在努力,可为什么我的成绩他们都看不到呢?我甚至不想再待在家里了,我讨厌我的父母,我讨厌任何人。为什么他们都不能了解我呢?"

随后,班主任叫来了明明的父母。明明的妈妈一看到班主任就激动地说:"我们做父母的为了什么?舍不得吃舍不得穿,还不就是为了他吗?可你让他自己说说,他就是不给我们争气。你看,我们邻居家的孩子,比他还小1岁,学习从来就没让父母操过心!我横看竖看,我们明明不比那孩子差啊。别人行,他为什么不行?"

上述案例中的家庭关系非常典型,在教育孩子的问题上,父母尽心尽力，出发点也是好的，可是父母不能老拿孩子与别人进行比较。父母为了督促孩子努力上进，会自然地把别的优秀孩子当作比较对象，可这种比较给孩子带来的心理压力是父母无法想象的。

那么，父母如果不随便拿孩子和别人比较，该采取什么方法引导孩子呢？

1. 教孩子学会反问自己

父母要教孩子学会反问自己，以此更清楚地认识自己，从而更加努力地提高自己、完善自己。可以引导孩子这样问自己：我现在各方面表现如何？有什么优点？有什么缺点？跟上个月（或上个星期）比较有哪些进步？哪些方面退步了？我该怎么办？我有决心再上一个新台阶吗？我是否应该听取父母的意见？是否应该征求老师、同学的意见？

2. 承认孩子在自己心中是最好的

很多父母望子成龙的心太过迫切，他们似乎容忍不了孩子的暂时落后与某次考试成绩平平，往往把自己急躁的心情和内心的焦虑释放在孩子身上，但这样做常常会适得其反。父母要学会欣赏孩子，你应该相信你的孩子永远是独一无二的，是最好的、最优秀的。

3. 让孩子显示出能力来

社会对人的能力要求已经达到了苛刻的程度，孩子也未能幸免：你会自己系鞋带吗？你会弹什么乐器？考过几级了？……日常生活不可避免地给父母和孩子的生活塞满了太多的“斤斤计较”，那么父母可以为孩子做些什么呢？其实父母要做的并不难：无论在学校里还是在家里，父母应当注意孩子的兴趣变化，根据孩子的个性，循序渐进地引导孩子，使其健康地发展。

孩子的厌倦心理和好奇心一样强烈，所以也不能让孩子信马由缰，一旦发现了孩子某方面的天赋，就要给予引导，让孩子充分挖掘潜力，学会持之以恒，因为学习习惯是需要培养的。在培育特长的过程中，孩子可以树立自信：我有与众不同之处。

总而言之，遇到问题时，父母不妨冷静下来，即使孩子现在还不能让父母满意，但父母要学会等待与忍耐，不要过于心急，要多想想孩子的好处，感谢孩子给自己带来的幸福和快乐，不要老想他这不好那不好。父母要调整好自己的心态，对孩子少些责骂和批评，多给予他们赏识与鼓励，他们才会有信心努力前行，赢得精彩的人生。

不能在外人面前批评孩子

父母批评孩子要给孩子留面子，要顾及孩子的自尊心，当众揭短会让孩子抬不起头。孩子会做错事，也会有缺点，当孩子的缺点成为父母唠叨的原因，或者是责骂孩子的理由，父母对孩子的唠叨或责骂最好不要走出家门。

前些天，我在电梯里遇到一对母子，从进电梯到出电梯，妈妈一直没有停止对男孩的呵斥，男孩敢怒不敢言，在外人面前被妈妈责备，躲在电梯的角落里耷拉着头。这位母亲全然不顾孩子的感受，大声斥责孩子，自己的情绪是得到了释放，但是她说的话，孩子真的听进去了？下次就不会再犯错了？恐怕不是。我想告诉家长们，我们可以批评孩子，但一定要选择合适的方式，以保护孩子的自尊心和自信心，帮助其认识和改正错误为目的。

小同10岁了，一天，他正在家里玩，表弟哭着来找他："哥哥，小天把我推到泥坑里了，你看我身上全脏了。"小同看了一眼表弟，二话没说就带他出门了。不到10分钟，兄弟俩找到了小天，小同问："是你把我弟弟推倒的吗？你要向他道歉。"小天撇撇嘴，不予理会。

小同气愤地想："这还了得，人不大还这么张狂。"小同挥手上前就跟小天打了起来，小天把小同推开，转身就去推小同的表弟，又一次把他推进了旁边的泥坑里。小同马上就火了，他拿起一块石头朝小天砸去，小天流血了，"哇哇"大哭起来，小同赶紧和表弟跑了。

小同和表弟打了胜仗，有些扬扬得意。傍晚时分，家里正要开饭，小同看到小天的妈妈拉着他来到门口，小天的头上缠着白布。小天的妈妈怒气冲冲地说明来意后，小同的爸爸气坏了，他看着小天的医药费单子，脸色铁青。

爸爸进了屋，小同暗叫：不好了。果然，爸爸拿出了鸡毛掸子，当着满屋子人的面，狠狠地抽了他十几下。爸爸严厉地训了儿子一顿，还把他的缺点、恶行一一公布。小同觉得委屈极了，从此以后，他虽然不敢轻易跟人打架了，但心里非常记恨爸爸。

小同的父亲当着众人的面责怪、惩罚他，把他作为一个肇事者惩罚，严重伤害了他的自尊心。小同犯的错是许多男孩都会犯的，俗话说“没有不打架的少年”，孩子伤人都是一时控制不住自己所致，他们事后都会非常后悔，就算父母不责怪小同，当他自己再次看到小天时，也会愧疚。爸爸对儿子采用了不当的惩罚方式，严重伤害了他的自尊心，这样的惩罚，孩子可能会记一辈子。如果父母经常当众批评孩子，孩子就会渐渐丧失羞耻心，最后不再介意被批评，出现屡错屡犯的情形。

父母的批评对孩子失效后，再好的教育也会被孩子排斥，孩子就会变得特别逆反。许多时候，孩子也明白自己错了，可就是讨厌父母的批评，才要跟父母对着干。这时，父母就应该深刻反省自己的批评方法了。

事实证明，父母若顾全孩子的自尊，私下里善意地批评孩子，更容易被孩子接纳。如果小同的父母向小天及其父母道歉，支付医药费，让小同送礼物去慰问小天，想必小同就不会记恨父亲，而是感激父母的批评指正了。所以，孩子犯了错，为人父母者一定要注意自己的批评方式，在众人面前要注意维护孩子的尊严。

1. 孩子在公众场合犯错，父母要私下批评

孩子常在公众场合犯错，例如在宴会上、商场里、公园里等地方。父母如果不批评，孩子会更加肆无忌惮；如果批评，又会在众人面前伤害孩子的自尊心。这时，父母可以找一个借口，把孩子带到一个人少或没人的地方，私下里对孩子进行批评教育。

小贺和父母一同去参加一个婚宴，在餐桌上，小贺吵着要吃巧克力。妈妈见桌子上只有糖果没有巧克力，就说：“儿子，糖果也很好吃，你尝一尝。”小贺不吃，耍起性子来，又哭又闹，就要吃巧克力。

婚宴是在酒店里举行的，小贺这一哭闹，大家都回过头来看他。司仪道歉说：“小朋友，这里没有巧克力，还请你多多见谅啊。”妈妈听了，也觉得很尴尬，但她不想在席间批评儿子，就对儿子说：“你给妈妈帮个忙，跟我出来拿点东西。”

妈妈把小贺带到一个无人的角落，对他说：“儿子，这里来的人都很懂礼貌，虽然你是小朋友，也不能捣乱啊。你要是不听话，妈妈下次就不带你来了。”小贺看到妈妈说得很真诚，也很在理，就点头答应了。小贺回到座位后，就开始乖乖地吃东西，再也不闹了。

孩子在公共场合犯错，如果父母当众批评孩子，孩子的自尊心就会受到伤害，他可能会拒绝改正错误，甚至对父母心生怨恨。因此，如果孩子在公共场合犯了错，父母要在私下里批评他。

2. 别当众揭孩子的糗事、隐私

孩子会对自己的糗事、隐私特别敏感，如果被公之于众，就会认为受到了莫大的侮辱。父母如果手中握有孩子的糗事和隐私，一定要替他好好保密，不要戳孩子的伤疤、痛处，这样做其实是在保护孩子的尊严。

玲玲的学习成绩不好，学习进步很慢，爸爸妈妈很是着急，找老师沟通了多次。老师说玲玲也很努力，可能是没有找到适合她的学习方法，建议玲玲的爸爸妈妈不要给玲玲太大的压力。爸爸妈妈接受了老师的意见，不管玲玲成绩如何，都不会责备玲玲，每一次考试结束，只要玲玲有进步，就会夸奖玲玲。

过年的时候，亲朋好友来家里做客，会问起孩子的学习成绩，玲玲的妈妈总是说玲玲很努力，做作业认真，考试成绩在进步，但是从来不说玲玲成绩不好，这让玲玲非常感激妈妈。因为受到爸爸妈妈的保护,玲玲的自信心也得到很大提升。进入新学期,玲玲的学习成绩不断提高,慢慢地达到了中上游的水平。

孩子的糗事和隐私,可能是父母觉得很好笑、好玩的谈资,却是孩子不愿意别人提及的尴尬事,如果别人提及,就会使他们产生羞耻感,会让他们自惭形秽。如果父母顾全孩子的颜面,不把这些糗事和隐私告诉别人,而是在外人面前赞美孩子,孩子会觉得很有光彩,同时也会更加奋发向上。

3. 别在孩子的老师、同学、朋友面前批评孩子

孩子在认识的老师、同学、朋友面前会更加在意自己的形象,力争在这些人面前维护自己的良好形象,即他们的“面子”。孩子有了这层“面子”,会更加自尊自爱,事事求上进,如果没有这层“面子”,就会越来越自卑、自弃。所以,父母在批评孩子时,一定要尽量回避孩子最在乎的这些人。

涛涛上小学三年级,学校组织活动,班级要求每人缴 50 元班费用于购买活动用品。涛涛的爸爸很快就缴了费用。等到活动结束之后,班费还多出来一部分,老师给学生退回了多余的钱。涛涛的爸爸很少给涛涛零花钱,涛涛没有告诉爸爸退钱的事,拿着退回来的钱去买了零食吃。涛涛连着好几天都很开心。

有一天,爸爸在跟其他家长聊天时偶然得知了班级退费这件事,很是气愤,觉得涛涛欺瞒自己的行为非常恶劣。爸爸直接去了学校,这时刚好是下课时间,爸爸当着涛涛同学的面,责问涛涛为什么要说谎,还私自拿钱去花。涛涛的同学都围着看，这让涛涛很没面子，但是面对爸爸的责问，涛涛也不知道该说什么。爸爸把涛涛臭骂了一顿，直到上课了，爸爸才离开。涛涛坐在座位上，感觉四周同学的目光都在看着自己。于是，涛涛一直低着头，当天的课也没怎么听进去。

涛涛爸爸的行为非常伤害涛涛的自尊心，即便是涛涛犯了错误，需要批评涛涛，爸爸完全可以在家里批评，不宜在大庭广众之下责骂涛涛，把涛涛的过失公之于众。涛涛会感觉自己在同学面前抬不起头，更重要的是，爸爸的批评严重伤害了涛涛的自尊心。

父母在孩子熟识的人面前批评他，就会让孩子觉得自己在这些人心目中的形象受损了，这对孩子的自尊心有着极大的伤害，父母要极力避免这种做法。

孩子在成长过程中难免会犯一些错误，学会正确批评孩子是每一位父母的必修课。父母在批评孩子时一定要分时间、地点，采用委婉或隐蔽的方式指出孩子的错误。父母保护了孩子的自尊心，孩子就会接受你的批评和建议。

批评孩子要以正向引导为主

父母批评孩子时，如果把握不好尺度，就容易动怒，恶语相向，伤害孩子的自尊，引起孩子的仇视、逆反心理。正向引导孩子才是正确的方法，它让孩子在被批评的过程中学会辨别是非，愿意接受批评，改正错误。

曾经有一位学生家长向我诉苦："我儿子批评不得，每次批评他，他都有很大的抵触情绪，甚至跟我大吵大嚷，我简直管不住他了！"我告诉这位家长："你批评教育孩子时，请不要带着负面情绪，那样孩子很快就会察觉，他会产生抵触心理，最后问题没有解决，还伤了亲子关系。你应当正向引导孩子，用积极的情绪和语言，把孩子往积极向上的、充满正能量的方向引导。"这位家长按我说的去做，结果孩子没有再顶撞她了。

正向引导是父母在批评孩子时，不伤害孩子的人格和自尊，采取就事论事的一种积极的教导方式。在批评孩子时，要引导孩子自己去发现错误，思考错误的原因在哪里，应该可以弥补错误。父母只要巧妙地对孩子加以引导，就能够在不伤害孩子自尊、人格的前提下,让孩子主动认错、改错,达到教育孩子的目的。

孩子经常犯错,往往是因为意识不到错误的根源所在,父母的指责、打骂都不能让孩子真正改错,只有不断地进行正确的引导,让孩子明白错误的根源,并找到解决之道,孩子才能真正改错。

1. 就事论事,引导孩子找到问题产生的原因

孩子犯了错、闯了祸,父母一定要冷静,不要马上责骂孩子,而是要就事论事,引导孩子找到问题产生的原因,学会处理自己所犯的错误。

小军一进门就哭了,妈妈问他:"你怎么了?谁欺负你了?"小军说:"小骞抢了我的玩具,还打我。"妈妈听后说:"就为这事哭啊,你也太没有出息了。"小军一听更伤心了,就跑进了自己的房间。

爸爸对妈妈说:"你怎么又骂他呀?这是他和小朋友之间的矛盾,你要就事论事,对他进行正向引导,别骂他呀。"爸爸走进了小军的房间,对他说:"自己的事情要自己解决,爸爸妈妈支持你,我们相信你一定可以解决好这件事的。"

小军问:"小骞打我,我要打他吗?"爸爸问:"打人是对的吗?"小军摇摇头。爸爸又问:"如果你愿意和他一起玩,他还会抢你的玩具吗?"小军马上想明白了,说:"爸爸,我知道怎么做了,我去找小骞玩了。"

小军走到院子里,对小骞说:"你别抢我的玩具,我和你一起玩吧。"小骞点点头,两个孩子又和好如初了。

如果我们都像小军的妈妈一样,在孩子做错事后不是就事论事,而是随意批评孩子,就会对孩子造成很大伤害。我们要像小军的爸爸一样，只对事不对人，孩子会更乐意接受批评。

2. 认真倾听孩子的申诉，了解犯错经过

孩子犯错后，父母一定要给他时间，让孩子讲述事情的经过，认真倾听孩子的申诉。

张蕾和程潇住在一个小区里，有一天，她们俩在小区里玩游戏。不一会儿，程潇哭着来找张蕾的妈妈告状。程潇说："张蕾打我了，把我的手都抓破了。"张蕾的妈妈赶紧说："我待会儿会批评她的，我先帮你擦点药水吧。"张蕾的妈妈细心地给程潇擦了消毒药水，还给她贴了创可贴，并对程潇说："实在对不起。"

过了一会儿，张蕾磨磨蹭蹭地回来了。妈妈低声说："你过来一下，跟我说说，你怎么把程潇的手抓破了。"张蕾硬着头皮说："我们玩游戏，谁输了就得出奖品。程潇输了，可是她反悔了，不愿意把她的小猪玩偶给我，我就动手抢了。"

妈妈大致弄明白了事情的经过，就对张蕾说："这件事你们两人都有错，程潇不遵守游戏规则不对，你动手打人也不对。"张蕾看着妈妈，低下了头。妈妈说："问题我已经清楚了，我只给你建议，下次遇到不公平的事情时，要讲道理，但是别动手，好吗？"张蕾点了点头。

父母只有了解了事情的原委后，才能更客观地看待孩子的错误。无论问题多么严重，父母都要先弄清楚事情的经过，然后再给出中肯的建议。

3. 保持冷静，指导孩子分析错误的原因

孩子犯错后，父母生气、怒骂是于事无补的，要尽力保持冷静，指导孩子分析错误产生的原因，只有这样才能给孩子有用的建议。

强强刚满4岁，早晨起床后，他想喝牛奶，就独自打开了冰箱门。牛奶是妈妈刚买的，一瓶有两斤重。强强拿出牛奶，走了不到两步，牛奶瓶子就滑落了，哐当一声，牛奶溅得满地都是。强强呆呆地站着，不知道怎么办才好。

妈妈从卧室里走出来，见到这个情形，又吃惊又生气。妈妈看了一眼儿子，尽量平复情绪说："瓶子是怎么掉到地上的，你能告诉我吗？"

强强看着妈妈的表情很平静，但他不知道怎么回答妈妈。妈妈猜出儿子是因为没有力气，没有抱稳瓶子，所以才掉到了地上。于是她对儿子说："你现在力气还小，拿不稳这个瓶子。以后如果你想喝牛奶了，就告诉妈妈，妈妈帮你拿，好吗？"妈妈接着又说："你已经4岁了，可手臂的力量还是不够，以后你跟着爸爸去晨练吧。等你把身体锻炼好了，你就非常有力量了，拿什么东西都会很稳。"强强点点头，说："好，我要像爸爸一样，变成一个有力量的男子汉。"

孩子犯错的背后都是有原因的，只有找到了原因，才能让孩子改正错误。

4. 用真诚、恳切的态度给孩子建议

孩子的许多错误都是在无心或无知中犯下的，如果父母对孩子一顿打骂，孩子可能只记住了打骂，却忘记了如何避免犯错。父母在面对孩子无心、无知的错误时，要语气平静、态度诚恳地告诫孩子，下次面对这类事情时该如何处理。

赵楷3岁时,看到桌子上的瓷碗,突然很好奇,想“鉴定”一下瓷碗是否会破。小家伙双手用力一举,再一摔,哐当一声,碗被摔得粉碎。赵楷看到碗碎了,笑着说:“原来碗会破呀,真不结实。”妈妈怒气冲冲地从屋里冲出来,想要教训一下儿子,爸爸连忙制止了她。

爸爸说:“儿子,你打破碗了,这可是不对的,你自己说该怎么惩罚你吧。”

赵楷一下子愣住了,突然明白自己的确做错了。爸爸说:“这样吧,爸爸罚你把碎片清扫干净,怎么样?”赵楷答应了。

赵楷边扫边问:“爸爸,镜子、玻璃杯、眼镜是不是都很容易摔碎啊?”

爸爸点点头说:“对。你拿这些物品时要特别小心,要是碎了,就再也不能用了。”赵楷看了看地上的碎碗片说:“爸爸,我记住了,我以后一定会小心的。”妈妈听到儿子这么说,脸色也和悦了。

父母在这种情景下,用真诚、恳切的态度给孩子建议,远比严厉的批评会更有效。

孩子在成长过程中难免会犯一些错误,孩子犯错后,家长要引导孩子认识错误,避免再犯,而不是一味地批评、指责。对于孩子的错误,父母除了适当地进行批评,最重要的是要采取正向引导的方式帮助孩子认识错误,并适时地给孩子提出相关建议。

7 CHAPTER 7

第七章

学会相处，珍惜与孩子在一起的时光

认真对待孩子的提问

父母应该正确对待孩子的问题，无论孩子的问题多么幼稚，或是很离谱，也不要表现出不耐烦、敷衍的态度，不能忽视孩子的问题，而应当耐心地听完孩子的问题，并认真回答孩子的问题。

我在家长会上曾经劝诫家长们说：孩子天性好奇，喜欢问这问那，无论你有多忙，都不要觉得不耐烦，不要斥责孩子，这样会伤害孩子的心灵，错过走入孩子内心世界的机会，孩子会觉得父母冷落自己，遇到事情也不愿再跟父母交流，导致亲子关系越来越疏远。

有许多名人都是从有“小问号”开始成长起来的，每一个聪明的孩子都是一个活生生的小问号，借助提问这种方式，他们急切地进行探索，以此满足他们的求知欲。所以，父母要认真回答他们提出的问题，不要觉得不耐烦，如果你当时确实很忙，可以跟孩子说：“我现在很忙，等会儿再回答你，好吗？”这样孩子一般都会理解。但是千万不要说：“去去去，不要问个没完，长大了你就会知道。”这样做会扼杀孩子的积极性，压抑孩子的求知欲，长期下去，孩子会因为怕父母责骂而不敢再提问题。

小飞正在读小学四年级，性格比较活泼、外向，但与父母的关系却不好。在学校里，他与同学有说有笑，但一看到父母，他的脸色就立刻变得冷冰冰的。

为了缓和与儿子之间的矛盾，爸爸多次走进小飞的房间，想跟他交流，但小飞每次都说："有什么话，你赶快说吧，我还要写作业呢。"爸爸问他："你为什么不跟爸爸妈妈聊天呢？平时有什么开心或不开心的事情，爸爸妈妈都希望你能说出来跟我们一起分享。"

小飞不屑地笑道："算了吧。以前，我一有烦心事就跑去问妈妈该怎么办，妈妈都会敷衍我，满脸的不耐烦。你们不想听，我还不愿意讲呢。"

然后，他就把爸爸"赶"出了自己的房间。

当孩子有问题想向父母请教时，很多父母常常不尊重孩子的意愿，不能积极地给予回应，只有当自己觉得有必要与孩子交谈，或者发现孩子有什么问题时，才想到与孩子交流，这是非常不可取的。

父母对孩子的问题感到不耐烦，正是因为父母不懂得如何平等地与孩子沟通，没有给予孩子足够的尊重和理解造成的。当父母多次以这种方式拒绝孩子的交流需求时，孩子自然不会再找父母来谈心，甚至会以报复性的心态来对待父母。

如果父母用对待朋友的态度来对待孩子，许多问题就会迎刃而解。当孩子向父母提出问题时，父母应该抓住这个机会，认真倾听孩子内心的困惑，真正走进他们的内心，了解他们的生活，引导孩子思考，给孩子正确的指导。

当孩子问父母问题的时候，父母一定要做到以下几点：

1. 认真倾听孩子的倾诉

当孩子面临困惑，向父母提出疑问时，父母应该认真地听孩子倾诉。

张茵有一个从小一起长大的朋友，她们每天一起上学，一起回家，两个人在一起总是开开心心的。但是有一天，张茵却发现好朋友没把她的秘密与自己分享，这让她十分困惑。

回到家后，张茵发现妈妈正在做饭，于是问了一句："妈妈，你说好朋友之间是不是应该无话不谈呢？"听完孩子的话，妈妈意识到孩子遇到困惑了，于是对她说："孩子，发生了什么事情吗？"接着，张茵就把自己与朋友之间发生的这件事情告诉了妈妈。

当孩子提出问题时，父母不妨关心地问一句"发生了什么事情"，以引导孩子继续倾诉，借此引导孩子进行思考，进而解决问题。

2. 告诉孩子"我们在你身边"

孩子面临某种困惑，沮丧地向父母提出问题时，父母要态度温和地进行安慰，这会给孩子带来很多温暖。

上七年级的时候，刘昊与班里的一位女生关系比较密切。老师以为他们在早恋，于是将他们分别叫到办公室谈话。刘昊解释了半天，老师始终不相信，最后还警告他："你们最好没有早恋，否则就对你们记过处分。"

回到家后，刘昊问爸爸爱情和友情的区别是什么。爸爸猜想儿子一定遇到了困惑，于是细心打探，终于得知了事情的原委。爸爸安慰刘昊："不管怎么样，爸爸和妈妈都在你身边。只要你们的交往是纯洁的，不必怕别人怎么说。"爸爸的安慰，使刘昊更加坦然地与那个女孩维系着友谊，并且最终使老师相信了他们。

当孩子提出问题时，父母首先应该从心灵上安慰他们，说"爸妈都相信你""无论你做过什么，你都是我们的儿子，我们永远和你在一起"这样的话，当然，你也可以采用拥抱等肢体动作，给孩子激励和安慰。

3. 不要忽视孩子的提问

父母正为某件事情忙得焦头烂额，而孩子此时又提出一些看似无聊的问题，往往容易让孩子觉得父母对自己的问题不耐烦。

小雅的妈妈独自经营着一家公司，平时工作十分繁忙，但她很关心孩子的学习和生活。

有一次，小雅的数学成绩没及格，既觉得对不起爸爸妈妈，又怕他们责备。左右为难之际，小雅向正忙着跟下属打电话交代工作的妈妈嘀咕了一句："妈妈，要是我让你们失望了，你们还会认我这个女儿吗？"

妈妈立即对电话那头的下属说："对不起，我一会儿再跟你说，我女儿有点事情。"妈妈的行为，让小雅觉得温馨极了。她把自己的困惑告诉了妈妈，并且痛哭着说自己一定会努力，争取下次取得好成绩。

当孩子提出问题时，父母如果没有过于紧急的事情，千万不要忽视孩子的问题，要先放下手头的事，听听孩子的困惑。因为有时候孩子可能是终于鼓起了勇气，才敢开口与父母诉说这些困惑的。

4. 不要嘲笑孩子的疑问

很多时候，孩子提出的问题在父母看来很幼稚、很离谱，他们不但不会正面回答孩子的问题，还会嘲笑孩子。一旦孩子受到了嘲笑，会感觉自己没有受到尊重，就会手足无措，从而失去继续提问的勇气，自信心深受打击。因此，无论孩子的想法多么幼稚、多么离谱，父母都不能嘲笑孩子，要正面回答孩子的疑问。

5. 引导孩子自己寻找答案

当孩子的问题已经超出了你的知识范围和经验时，千万不要因为好面子而予以回避，更不要以否定孩子的方式来掩饰自己的无知，而应当大方地说："这个问题，我也不知道怎么回答。"这种坦诚的回应，不会让孩子觉得父母无能，反倒会感觉父母很坦率、很真诚。然后，父母要引导孩子向书籍、网络或同学、老师寻求答案。在这个过程中，父母一定要放下自己作为成人的权威，与孩子站在同一个层次上探讨问题。

孩子的很多事情在父母眼中是小事，但在孩子眼中却是天大的事情。父母面对孩子的提问，不能敷衍、忽视，而应该站在孩子的角度理解孩子的所作所为，真诚地帮助孩子解答疑问，这样才能让孩子真切地感受到父母对他的爱。

对孩子的负面情绪加以引导

孩子遇到不愉快的事情时，会觉得心里堵得难受，想哭出来发泄，或者通过别的方式和渠道发泄情绪。在这个时候，如果父母不但不加以引导，还说一些伤害孩子的话，就会导致孩子的负面情绪淤积，同时也会使孩子对父母产生厌恶、不满的情绪。

每个人都有情绪，孩子也不例外。孩子的负面情绪包括持续性的恐惧、沮丧、焦虑、嫉妒等，对环境变化缺乏情绪反应及情绪低落、不稳定等。这些负面情绪不但会让孩子做出让人意想不到的事情，而且还会影响孩子的身心健康，可能给孩子带来疾病，如内分泌紊乱、神经衰弱等。当孩子感到悲观、失望、忧愤、恐惧时，其机体内就会产生过多的肾上腺素。如果长期处于这种负面情绪中，就会引发身体的疾病。

如果孩子经常处在负面情绪中，就容易变得任性，乱发脾气，从而处理不好人际关系，甚至还会产生孤独感。负面情绪会使孩子丧失积极向上的动力，变得注意力不集中，影响孩子的学习。

孩子由于年龄小，不懂得如何宣泄自己的负面情绪，有时会用过激的行为来表达情绪。

情景一：

妈妈从国外给小敏带回来一个新书包，小敏喜欢得不得了，在班里逢人就炫耀。一天，同桌小兰不小心把饮料溅到小敏的新书包上了。小敏十分生气，指责小兰："你真讨厌，我的新书包被你弄得这么脏，你赔我！"小兰也是个火暴脾气，回敬道："不就弄湿了一点点嘛，你至于这样吗？"小敏一听更生气了，两个人差点动起手来，最后老师出面制止，两个人才罢休。

情景二：

小亮是个内向的孩子，不喜欢和人交往，在学校里很不合群，被同学视为"怪人"。有一次放假，妈妈答应带小亮去海洋馆看海豚表演，小亮那天早早地就起床了，心里非常高兴。可是在临出门时，妈妈突然接到公司打来的电话，说公司有重要的事，需要她现在去一趟公司，妈妈不得已取消了和小亮的约定。这时，小亮一句话都没说，但是双手一直紧握着，深深的指甲印留在了肌肤上，妈妈心疼极了，可又分身乏术。

情景一中的小敏用打骂的方式来宣泄自己的不满,情景二中的小亮则是用伤害自己的方式来宣泄自己的负面情绪。这两种宣泄方式都是不可取的,无论是攻击他人,还是伤害自己,对孩子的身心健康都极为不利。所以,家长要教育孩子学会用正确的方式来宣泄负面情绪,也就是要学会心理调节。

有一个小男孩脾气很暴躁。一天,父亲把他叫到一面墙前,说:"儿子,爸爸看到你脾气不好时,心里也很难受。从现在开始,一旦你脾气不好的时候,就往墙上贴一张贴纸。"说着,他把一沓贴纸递给了儿子。

一周之后,这面墙上贴了很多纸,父亲指着墙上的纸说:"儿子,你意识到自己的坏情绪了吗?如果从今天开始,你一天不发脾气,就可以撕下去一张贴纸。"小男孩点点头答应了。

开始的时候,男孩还是有忍不住要发脾气的时候,可是随着时间的推移,他慢慢地可以控制住自己了。慢慢地,他真的做到了可以在一天之内不发脾气。一个月之后,墙上的贴纸都被撕掉了。

父亲再一次把小男孩叫到那堵墙跟前,说:"儿子,现在你已经做得很好了,可以很好地控制自己的情绪,但是,你看看墙上那些撕掉贴纸的地方,还是会有痕迹存在,这证明你每次发脾气之后,即使过后道歉了,也还是会给别人带来伤害,这种伤害,就是痕迹。"

男孩羞愧地对父亲点点头,从此之后再也不乱发脾气了。

孩子有了负面情绪,出于对老师的敬畏以及学校制度、规范的约束,一般不会在学校里宣泄。孩子回到家里,换了一个宽松自由的环境,会把蓄积的负面情绪一下子宣泄出来。对此,请家长们一定要关注孩子，询问原因，安慰孩子，对孩子进行正向引导，用恰当的方法帮助孩子科学管控情绪。

1. 让孩子说出心事，接纳孩子的负面情绪

父母首先要告诉孩子把心事说出来，然后接纳孩子的负面情绪，对孩子的负面情绪给予关注、尊重和理解。只有接受了孩子的负面情绪，父母才能做到不去否认、压制、贬低、怀疑孩子的情绪，并且教孩子接受自己的情绪。

当孩子向父母倾诉自己的负面情绪时，父母可以用“是吗”“嗯”“我明白了”等简短的话语，表示接纳。这可以换来孩子的信任，平复孩子的心情，这时家长再说出自己的建议或看法，就会收到事半功倍的效果。

比如，孩子放学回家，书包还没放下就说：“作业太多了，累死了，我不想学了。”不懂得接纳孩子情绪的父母可能会说：“我还从来没有听说过有人上学累死了，你纯粹是在找事！还不给我老老实实学习。”擅长接纳孩子情绪的父母会说：“是吗？那你先在沙发上歇一会儿吧。”孩子担心考试发挥不好而焦虑不安，甚至发脾气，有的父母就会说：“平时你学习不用功，现在后悔了吧？”有经验的父母会说：“嗯，我知道了。我小时候考试之前，总是会想开心的事情，然后就冷静下来了，心情也就放松了。你可以试一试这个方法。”

父母只有做到接纳孩子的负面情绪，孩子才能从父母这里得到信任和支持，内心才会觉得安全和温暖。同时，父母也应该学会帮助孩子排解各种负面情绪。

2. 允许孩子大哭一场

哭是孩子情绪宣泄的一个重要渠道。有人说过，家长对孩子做的最残忍的事莫过于不让孩子眼眶里的泪水往下流。绝大多数家长不舍得让孩子哭泣，更不用说引导孩子用哭来宣泄情绪了。

当孩子感到恐惧、委屈、愤怒时，常常会用哭来表达内心的感受，此时，家长不要用哄或劝的方式让孩子停止哭泣，或者强行压制孩子，不许孩子哭。其实，哭泣可以让处在不良情绪中的孩子得到放松。

小希是一个八年级学生，在班上是语文课代表，工作认真负责，一直受到老师的好评。有一次，小希在收语文作业的时候，和同学发生了争执，老师批评了他，他感到很委屈。

放学回家后，小希将这件事告诉了妈妈。妈妈将小希搂在怀里，慈爱地说："孩子，如果你觉得难受，那就哭出来吧。"听了妈妈的话，小希的眼泪夺眶而出。

哭过之后，小希的心里好受多了，她亲了妈妈一下，就跑出去玩了。

当孩子确实心里憋屈又无处宣泄时，父母要允许孩子用哭来表达自己的情绪，因为哭是孩子宣泄情绪的一种重要方式。哭过之后，也许父母不用细究缘由，孩子的心灵就已经历了一个净化的过程，而且与父母的关系会变得更加亲密。

虽然哭是孩子宣泄不良情绪的一个重要方式，是孩子情绪的自然流露，但它并不是唯一的方式，也未必是最好的方式。因为这种方式往往会让周围的人认为孩子不坚强，得不到他人的同情和理解，有时还会使人感到烦躁不安。因此，家长要告诉孩子：哭泣要适可而止。

3. 让孩子转移注意力

当孩子遇到冲突和挫折时，不要让孩子过多地关注所遭遇的事情，而要引导孩子从这种情境中摆脱出去，尽早投入自己感兴趣的活动中去。例如，孩子因为与别人发生争执而受到老师批评，家长不要指责孩子不听话，而要跟孩子谈心，让孩子说说老师为什么要批评他，然后，可以让孩子到室外去踢一会儿球，在剧烈运动中将心中淤积的不良情绪宣泄出去。

孩子的喜、怒、哀、乐等情绪通常是毫无掩饰的，父母在生活中要细心地观察孩子、理解孩子、陪伴孩子，及时发现孩子的负面情绪并加以正确引导，以保证孩子的健康成长。

给孩子合理争辩的权利

父母在教育孩子时，往往会遇到孩子回嘴、反驳、顶撞的情况，对于孩子的争辩，父母明智的做法是给孩子争辩的权利，认真地听。从孩子的争辩中，父母可以了解孩子产生错误行为的背景以及心理动机等，便于有针对性地开展教育。让孩子争辩，等于为自己树了一面镜子，父母可以通过听取孩子的争辩检验自己的教育方法是否得当，发现不妥之处及时进行调整。

有一次，我的班上有一个男生在课堂上顶撞科任老师，不服管教。放学后，我把这名男生叫到办公室，他以为我会大发雷霆地训斥他，惴惴不安地低着头等待挨批。我却没有发脾气，而是心平气和地问他事情的来龙去脉是什么，为什么要顶撞老师。原来，他在英语课上写语文作业，被英语老师发现了，说了他几句，他不服气，就跟老师争辩，最后发展为言辞激烈地顶撞老师。我静静地听他说完，然后对他分析这件事，指出他的错误，并说："如果每一个学生都这样做，课堂上岂不是要乱套了？"由于我充分尊重这名学生，给他争辩的权利，并动之以情，晓之以理，这名学生最后向我认错了，并主动向科任老师认了错。

相对于学生顶撞老师来说，孩子顶撞家长的现象可能更加普遍，遇到这种情况，家长们不妨像我一样，保持平和的态度，尊重孩子合理争辩的权利，从孩子的争辩中，我们可以了解其做出某种行为的背景以及心理动机等，再因势利导地进行教育。如果孩子的申辩是对的，家长就应尊重孩子的意见，如果孩子的申辩是错误的，家长也应该讲事实，摆道理，以理服人，以情动人，使孩子心悦诚服。

孩子犯错是很正常的，面对孩子的错误，如果父母不注意教育方式，不分青红皂白地批评、责骂、惩罚，不但不能让孩子改正错误，相反会使孩子形成胆怯、退缩或叛逆、攻击等不良心理或行为。

一天晚上，妈妈和刚上小学的儿子因为该不该看电视争执了起来。儿子大声说："你这样做是不对的，我有看电视的自由。"妈妈很生气，大声斥责儿子："我说了，不许看就是不许看，明天一早还要上学呢！你明天早上起不来怎么办？"妈妈一边冲过去关电视，一边对着儿子瞪眼睛。儿子大声吼道："你要打我吗？打我是犯法的！"听了儿子的话，妈妈实在忍不住，一边说"看谁来保护你"，一边朝着儿子的屁股拍了几巴掌。儿子大哭起来，显得十分委屈。

第二天，在送儿子去学校的路上，妈妈向儿子道歉。儿子也很不好意思，对妈妈说："妈妈，我也应该向您道歉，我不应该用那种语气和您说话。"妈妈这个时候突然想到，儿子之前一直很听话，昨晚到底是怎么了？妈妈问了才知道，原来儿子昨天因为字写得好，被老师表扬了，所以孩子决定奖励自己看一部动画片。妈妈问儿子："那你昨晚怎么不说呢？"儿子委屈地说道："昨晚您有给我说话的权利吗？"

孩子和妈妈发生争吵，孩子有自己的想法，但还没有来得及和妈妈说，就被打断了，妈妈的权威让孩子喘不过气来，孩子连说话的机会都没有，这显然是不对的，值得我们反思。

很多父母都像上例中的妈妈一样，一看到孩子做了不顺自己心意的事情，就会劈头盖脸地斥责孩子。不管是什么时候，遇到了什么事情，一定要先给孩子解释的机会，让孩子把事情说清楚，然后再下结论，这才是正确的教育方式。

如果孩子犯错，父母只是一味地严加训斥，或者把孩子的争辩当成顶嘴，会给孩子的成长带来一系列危害。

一是容易导致孩子产生逆反心理。有的孩子犯了错误，试图找理由为自己辩护，其目的无非是为求得父母谅解自己，这种心理很正常，也是孩子鼓足了勇气才这样做的。如果父母武断地进行"狙击"，孩子会认为父母不信任自己。对父母的这种蛮横做法，孩子虽不敢言，但心里不服，以后孩子即便有更充足的理由也不会再申辩了。孩子一旦形成了这样的心理定式，就根本不会再接受父母的批评，会把父母的训斥当成耳边风。

二是容易造成孩子认知偏差。一些犯了错误的孩子，因为没有真正认识到错误而与父母争辩，这时父母简单粗暴地不给孩子争辩的机会，不让其通过争辩来分清是非，问题就不会真正得到解决。由此，孩子的认知就会逐渐产生偏差。

三是容易扼杀孩子的新思想。一个想辩解的孩子，往往是因为对是非善恶有了自己的权衡和评判标准，他表现了孩子不唯命是从、求是明理的思想特质。许多孩子正是在有所听和有所不听的过程中，逐步养成了认识问题、处理问题的能力。而父母"不许顶嘴"

的高压使孩子产生了唯唯诺诺的心理，这让他们以后如何创造性地解决问题呢？

因此，为人父母者一定要有理智的头脑，冷静地看待孩子的争辩。

1. 静心倾听孩子的解释

孩子犯错的时候，父母千万不要失去控制大吼大叫，要先倾听孩子的解释，让孩子有争辩的机会和申诉的机会，你可以说："宝贝，和妈妈说说当时的情况吧。"听完孩子的解释后，父母应当冷静地分析一下孩子的意见是否正确。如果是正确的，就给予支持；如果是错误的，父母应该用商讨的方式和温和的态度帮孩子进行分析。切记不要一味地否定孩子的意见，以免使孩子形成沉默寡言的孤僻性格。

2. 不要在孩子面前表露不良情绪

孩子对世界的认识跟父母有很大的关系。父母的不满、怨恨的情绪会被孩子放大和模仿，父母太多的抱怨和愤恨，容易使孩子产生对社会、对学校、对老师、对同学的不信任、仇视甚至攻击。为了孩子的身心健康，父母应尽量避免在孩子面前表露不良情绪。

3. 做好自我检讨

当发现孩子犯错误时，父母不应急于指责、批评孩子，而应当沉着冷静地思考一下自己营造的家庭环境是否有问题，反省自己的言行，看是否是由于自己的教育方式不当而导致孩子的行为出现偏差。

4. 多宽容孩子的过失

当孩子被迫承受了大人施加的委屈时，会无从辩解和宣泄，委屈就会淤积在心中，这样容易导致孩子出现心理问题，甚至会变得自闭或者叛逆。愤怒中的父母，切记要给孩子多一分宽容，多一次解释的机会，不要在愤怒的时候轻易给孩子下结论。

总之,父母不应该对孩子的争辩表示强烈的反抗,要尊重孩子,给予孩子合理争辩的权利,并从孩子的争辩中进行反思,把孩子的争辩转为亲子之间的讨论、沟通和交流。

冷静对待爱发脾气的孩子

心理学家发现,当孩子想做的事情受到阻碍时,最原始的情绪反应就是生气。而如果没有后天的教育来引导孩子学习调节情绪或解决问题,生气的情绪很快就会引发攻击行为,包括言语和动作。面对爱发脾气的孩子,父母首先要冷静下来,控制好自己的情绪,然后采取正确的教育方法和技巧,帮助孩子调节情绪。

常会有一些家长说,自己家的孩子小小年纪,脾气却不小,经常是有一点儿不满意的地方就大发脾气,搞得家里鸡犬不宁,家长也为此大伤脑筋。那么,是什么原因导致这些孩子爱发脾气?家长们在遇到孩子爱发脾气的情况时,应该如何处理呢?下面来看看这位妈妈是怎么做的。

铭铭今年6岁了。一天,铭铭闹着让妈妈带他去科技馆玩,可是妈妈早已经安排了别的事情。于是妈妈对铭铭说:“妈妈今天有事,改天再带你去,好吗?”铭铭一脸不高兴,嘟着嘴走开了。但铭铭走开没几分钟,又来到妈妈身边,缠着妈妈带他去科技馆:“妈妈,带我去吧,我就是想去科技馆看5D电影嘛。”妈妈安抚道:“今天妈妈有比较重要的事情,真的不能带你去,等妈妈一有时间,就会带你去的,不信拉钩!”

铭铭并不买妈妈的账,依然不依不饶地闹着:“我就是要去,我一定要去,不去不行!”

见儿子闹得越来越凶,妈妈不再理睬铭铭,而是径直走进卧室,把门锁上。铭铭一看妈妈不理他,就大哭起来。可任凭他怎么哭闹,妈妈就是不开门,也不回应他。

大概过了20分钟,铭铭的哭声停止了。妈妈轻轻地打开房门走出来,看见铭铭正在自己的房间里画画。见到妈妈后,铭铭赶忙对妈妈说:“妈妈我错了,我再也不乱发脾气了。”妈妈对他赞许地微笑了一下,然后走开了。

案例中铭铭稍有不如意便发脾气的表现,可能绝大多数父母都在自己孩子的身上遇见过。实际上,发脾气是现代家庭中独生子女身上经常出现的情况。这是孩子的一种不正常的心理状态,也是孩子要挟父母、满足自己某种需要的惯用手段。对于孩子的这种表现,家长多是表示无奈。有的家长想让孩子赶快结束这种情绪,就会妥协退让,答应孩子的要求,或者用恶狠狠的言语教训孩子,让孩子停止哭闹。但很少有家长能像案例中的铭铭妈妈那样用“冷隔离”的方式来对付孩子的任性表现,“冷隔离”的方式一旦过度也会给孩子造成一定的影响,比如让孩子觉得父母不爱他了,或者会造成孩子不敢一个人独处等问题。

实际上,造成孩子任性爱发脾气的原因并不复杂,多由父母的溺爱与妥协所导致。当孩子要起性子时,家长们多处于两难的境地:答应孩子的要求吧,孩子的要求明明是不合理的;可如果不答应,孩子又哭又闹何时才算完呢?心软的家长往往在孩子的哭闹、要挟下败下阵来,不得不放弃了自己的教育原则,再次以"矫正孩子的坏习惯又不是一朝一夕的事,下次再说吧"等理由来安慰自己。殊不知家长的妥协导致孩子更加坚定了其不达目的决不罢休的"信念"。于是,孩子变得脾气越来越大,越来越难以说服。如果不想让孩子养成任性妄为的性格,父母需要掌握一定的教育方法和技巧。

儿童心理学家研究发现,儿童的心理发展正处于以自我为中心的阶段,对是非判断以自己是否愉快为依据。如果父母无原则地满足孩子的不合理要求,孩子错误的行为、坏的习惯就会得到强化,任性情绪便由此形成。那么,针对孩子任性爱发脾气的问题,家长应该采用怎样的应对手段呢?

1. 要淡定回应

发脾气的孩子通常最容易引发父母的不愉快,就算本来没有生气,心里还是会非常不舒服,所以就想好好地教育孩子,在教育孩子时难免会以大声、严厉等高强度的口语或非口语信息,展现在孩子面前。

面对父母的强烈反应,有些孩子可能因为惧怕而暂时就范。但有些原本情绪反应就比较负面、强烈,又总是坚持很久、不易转移的孩子,通常回应强度会变得更大,也更无法达到父母原本的教育目的。因此,在教导孩子之前先帮助孩子缓和情绪,是父母面对爱发脾气的孩子时最重要的一步。父母可以用较轻的语气以及较温和的态度来回应孩子。

2. 要引导放松

人们生气的目的是要移除阻碍我们的人、事、物，而移除这些障碍常需要我们身体的参与。因此，当父母处在愤怒的情绪中时，身体会不自觉地发生一些变化，包括血压上升、体温上升、肌肉紧绷等，以迎接挑战。当孩子生气时，也一样会有上述这些身体反应。此时，如果孩子自己能觉察到这些身体反应，并自主地做些使身体放松的事情，就能让生气的情绪随着身体的放松而变得较为缓和、平静。

不过，孩子自我控制和缓解情绪的能力不是天生就有，而是在父母的引导下，通过一次次的练习逐渐培养起来的。当孩子的身体因为生气而处在紧绷状态时，父母可以试着轻抚孩子的背部，顺着脊椎两侧轻拍慢抚；也可以轻轻按摩孩子的双臂，让孩子紧绷的身体放松下来。除此之外，对各种负面情绪都适用的腹式呼吸，也是使身体放松的有效方法。

3. 要先处理心情

心理学研究发现，当一个人沉浸在某种情绪状态中时，会有一段时间无法接受跟当下情绪感受不一致的信息。也就是说，对于一个正在发脾气的孩子来说，这时候父母说的道理、苦口婆心的劝诫，和他生气的情绪是不一致的，所以孩子也就很难听进去。

相信父母可能早就发现，当孩子生气时，对于你讲的道理，孩子不仅听不进去，还会想尽办法为自己的生气辩驳。此时，孩子最需要的就是情绪上的陪伴，直到他愤怒激动的情绪消散，所以，除非事关重大，非得马上解决孩子生气的事情，否则最好先处理孩子的心情，比如对孩子说："我知道你很生气。""你看起来真的快要气坏了。""碰到这样的事情你很生气。"等到孩子气愤的情绪缓和了，再和他讨论如何处理事情、解决问题。

总而言之,对付那些要求得不到满足就爱发脾气的孩子,父母要采取正确的教育方法和技巧,千万不能孩子发脾气,自己也跟着发脾气,对孩子大吼大叫甚至打骂。作为家长,要学会在孩子发脾气、不讲道理时,见机行事,对孩子采取恰当的方法,对症下药。这样不仅可以避免父母的责骂给孩子带来的负面影响,也可以让孩子在自我反省的过程中明白自己错在哪里,该如何改正。

鼓励孩子说出自己的想法

每一个孩子都有自己的想法,听话的孩子固然会让父母省心,但是长此以往,孩子会渐渐失去自己的个性。因此,父母要让孩子说出自己的想法,只有让孩子说出自己的想法,父母才能更好地了解孩子,也才能让孩子更好地成长。

有的孩子天性胆小,有的孩子不善言辞,这导致他们虽然内心有很多想法,但是不敢或不能表达出来。遇到这样的学生,老师通常会鼓励他们大胆发言,说出自己的想法。对于家长而言,也要重视培养孩子的表达能力,特别是对于不爱表达自己想法的孩子,一定要想方设法鼓励和引导孩子说出内心的真实想法。

每个孩子都有自己的思想和见解,但是如果不能很好地表达出来,别人就无法了解他的想法。孩子不说出自己内心的想法,父母也就不能很好地了解孩子的困感,不能很好地了解孩子的苦乐和需求,不能给予孩子及时的引导和帮助。

小艾放学回家后,心情不是很好,她站在门口对妈妈说道:“妈妈,我……”小艾欲言又止。妈妈关切地看着女儿,把她搂在怀里安慰道:“怎么了? 好好说,别着急。”小艾这才委屈地说道:“我和乐乐说好今天放学要一起回家,可是放学了,我却找不到她了,我等了她好长时间。直到天黑了,学校都没人了,我才一个人回来。”

妈妈虽然心疼小艾,但还是劝解道:“她可能忘记了,或者临时有事,明天到学校问问她。不要哭,事情解释清楚了就行了,不要总放在心上。”

但是小艾还是沉浸在悲伤的情绪中,带着哭腔说:“她有事为什么不说,无论如何,她都不该忘记我们的约定,让我等了这么长时间,我真伤心!”妈妈想了想,说道:“那你想让她怎么做呢?”小艾说:“她要跟我道歉,不然我就不理她。”

妈妈听了哭笑不得,抚摸着小艾的头说:“孩子,每个人都会无意间犯错误。朋友关系要想持久,就得相互体谅对方,你的话也有道理,明天去学校听听乐乐的解释好不好?”正在这时,电话铃声响起,妈妈拿起听筒。“是乐乐打来的,她问你回来没有,并向你表示道歉。”小艾破涕而笑,接过话筒说:“乐乐,没关系,我们还是好朋友!”

妈妈耐心倾听了小艾不开心的理由,并鼓励她把自己的想法说出来,这种良好的沟通方式,不仅有效安抚了小艾的情绪,还让妈妈彻底放下心来。

父母是孩子最好的听众,从小到大,父母都是孩子最大的依赖,在孩子小的时候,孩子最愿意把自己的内心想法分享给父母。这个时候,如果父母能够很好地接受孩子的想法,就能有效拉近孩子和父母之间的关系。随着孩子不断长大,想法也会多起来,这时,如果父母想要了解孩子的内心世界,就需要花费更多的时间和精力。所以,父母应该鼓励孩子说出自己的想法,让孩子多一分自信和分享,这样父母就能了解孩子心中的想法。

那么,父母应该如何做才能让孩子说出自己的想法呢?

1. 对孩子的话题表示感兴趣

孩子在谈论自己的话题时,父母是否感兴趣会影响孩子说话的情绪。父母越有兴趣听,孩子就会说得越开心,最后就能表达出内心真实的想法、情感。父母面部的表情、身体的姿势、询问的语气等因素,都会影响孩子的表达欲望。

父母用一种亲近、有兴趣的姿态来听孩子谈论的话题,孩子就会和父母走得更近,甚至把父母当成朋友,将各种心事都向父母倾诉。孩子经常向父母表达自己对各种人和事的看法,渐渐地,就能学会表达个人的情感。

2. 给孩子说话的权利

在生活中,孩子往往被剥夺了说话的权利,只能被动地听父母的说教。这种方式十分不利于培养孩子的情感表达能力,会使得他的天性被压抑,变得对父母唯命是从。父母在听孩子倾诉时,要多听少说,给孩子说话的机会,让孩子怎么想就怎么说,父母要做的就是静静倾听孩子的感受。当孩子能够和父母畅所欲言的时候,他们已经把父母当成自己的知心朋友了。当孩子可以在父母面前展现真实的自我，说出自己的真实感受时，他们就可以大大释放自己的负面情绪，大大减少消极心理，性格变得阳光起来。因此，父母要学会做一个倾听者，用亲切、平和、耐心的心态，倾听孩子内心的想法，不要急于下判断。这样，父母就会惊喜地发现，原来孩子的心里还有另一个世界，那是自己从来不知道的。

3. 站在孩子的角度理解、关爱孩子

成人的思维同孩子是有本质差别的，父母要走进孩子的世界，就要懂得站在孩子的角度去看问题。孩子的任何言论和行为都有他自己的理由，父母想弄明白，就要学会换位思考。

乐乐上小学三年级，语文成绩很好，每次写的作文都被老师当作范文在班里阅读。老师让学生周末写一篇作文，他交来一篇《我对她的爱情》，这个作文题目把老师吓蒙了。原来，乐乐和梅梅是邻居，两个孩子每天一起玩，可谓青梅竹马。梅梅要转学了，乐乐很舍不得，于是就写了这篇作文。

老师赶紧打电话问乐乐妈妈，妈妈听了也很吃惊，于是委婉地问乐乐是怎么回事。乐乐很细致地陈述了事情的原委，他说自己很舍不得梅梅，想和她一起玩。妈妈仔细听完后，才松了一口气。儿子的这种情感其实是一种友情，只是他还不懂区分，用错了词，险些让别人误解了他。

父母站在孩子的角度去看问题，才能真正理解孩子的思维方式，从而引导孩子正确区分、表达自己的情感。孩子的眼睛是纯洁无瑕的，他用自己的方式体验生活、体味成长，如果对孩子做得“不妥当”的事情，父母来个当头棒喝，就会伤害孩子幼小、纯真的心灵。

4. 允许孩子提出和大人不同的意见

父母要允许孩子提出不同的意见,父母要清楚,即使孩子真的做错了,责骂只能一时制止孩子犯错,并不利于孩子彻底改正错误。给孩子一个机会,让他大胆地说出自己的意见,还可以培养他的发散思维能力、求异思维能力、逆向思维能力等。

小清正在和妈妈玩,妈妈问他:"如果一棵树上站着三只鸟,猎人用枪打掉一只,还剩几只?"小清刚满4岁,他数了数说:"妈妈,三减一是二,还有两只。"

妈妈说:"你再好好想一想。"

小清又算了一遍说:"妈妈,我没有算错。你为什么老问我啊?"

妈妈便提醒他:"你想啊,枪一响,鸟会怎么样呢?"小清说:"全吓跑了。"妈妈一听高兴地说:"对,就是这个答案。"

小清却说:"妈妈,你错了,要是我这样写,老师会给我打叉的。"妈妈听后,还是夸奖他说:"对,如果是考试,你的答案是正确的。你真棒,这次你又答对了。"

孩子总会有自己的想法,这说明孩子有独立的思考能力。父母要允许孩子表达不同的意见,哪怕错了,也应该多鼓励。生活中的问题,本来就不止一个答案,如果用唯一的答案束缚孩子,斥责他的错误,反而不利于孩子成长。

总而言之,语言是孩子重要的表达工具,让孩子说出自己的想法,孩子才会懂得表达自己的情绪,情绪才不会受到压抑,个性才能够得以张扬,思想才能够得到解放。因此,父母要鼓励孩子说出自己的想法,让孩子做一个敢于表达自己想法的人。

营造和谐的亲子沟通氛围

每个孩子的个性发展与形成，取决于他所处的环境的影响，对孩子影响最大的环境便是家庭环境。家庭环境的影响往往会对一个人的命运产生决定性的作用，这一点已成为共识。因此，父母要为孩子创设良好的家庭环境。只有在良好的家庭氛围下，父母才能营造出和谐的亲子沟通氛围。

父母是孩子的第一任老师，孩子的成长离不开家庭，和谐的家庭环境是孩子健康成长的沃土。在我多年的教育生涯中，有这样一个现象：凡是家庭和谐、亲子关系融洽的家庭的孩子，在学校里大都性格开朗，心理健康，学习积极主动，能交到很多朋友，成绩也比较理想。反之，孩子则多表现为敏感孤僻、性格自卑、郁郁寡欢等情况，成绩自然好不到哪里去。所以，家长朋友们，为了孩子的健康成长，请一定要为孩子营造温馨和谐的亲子关系氛围。

孩子的心智还不成熟，心理承受能力较差，极易受到家庭环境的影响。家庭环境让孩子感到愉快，孩子就会形成积极、乐观、开朗、进取等优良的性格；反之，家庭环境让孩子感到压抑、恐惧，孩子就会形成悲观、懦弱的性格。孩子大部分时间都是在家里度过，家庭环境、父母的行为会在不知不觉中对他产生潜移默化的影响。为此，父母应该为孩子创设良好的家庭环境，促进孩子健康成长。

父母应注意不要将自己的不良情绪带回家，夫妻之间应相互支持和理解，保持和谐的关系，还要做到尊老爱幼，为孩子树立好的榜样，这样家庭的氛围才会更加和谐。良好的生活环境，体现在生活的每一个细节中。父母要想帮助孩子健康快乐地成长，就要为孩子提供相对优越的环境，这里的"优越"不只是丰富的物质条件，更重要的是为孩子创设和谐的沟通环境。

在媛媛的记忆里，爸爸妈妈经常吵架，他们常常为一些鸡毛蒜皮的小事而吵得不可开交，有时甚至会大打出手。这对媛媛产生了很坏的影响，媛媛变得沉默寡言，和父母的感情也越来越淡。

最近，父母的吵架升级了，已到了要离婚的地步。爸爸已经很长时间没有回家，妈妈常常在家里歇斯底里地抱怨，说自己曾经为爸爸吃了多少苦，还说她和爸爸结婚完全是个错误。

家里的气氛很压抑，媛媛感觉不到家庭的温暖，想到父母如果离婚，自己就是一个被遗弃的孩子。后来，媛媛给妈妈留了一封信后便离家出走。父母意识到自己带给孩子的负面影响，为了孩子，他们握手言和。父母将媛媛找了回来，家里又充满了久违的欢笑声。父母之间的关系和谐了，媛媛也变得开朗起来，学习成绩也不断提高。

和谐的家庭环境能使孩子和父母的关系变得亲密，孩子乐于和父母交流，会将自己的问题及时告诉父母。父母以自己的经验和智慧帮助和引导孩子,不但能够帮助孩子解决问题,还能使孩子快乐地成长。

家庭是社会的细胞,只有家庭和谐才会有社会和谐,这是孩子成长最重要的环境。为了家庭的幸福,保证孩子在和谐快乐的家庭环境中成长,父母必须努力为孩子创设和谐的家庭氛围。

1. 家庭成员的关系要融洽

小威的爸爸常年在外地工作,教育小威的任务就落在了妈妈身上。妈妈是个内向的人,很少和孩子沟通,家里的气氛显得比较沉闷。妈妈觉得这样下去,对孩子和自己都不好,于是,妈妈把小威的爷爷奶奶接到家里住,这下家里变得热闹多了,孩子也乐于和大人沟通了。在融洽的家庭氛围中,小威的性格也有了很大改善。

父母要尽力为孩子营造一个和谐的家庭环境,在和谐的环境中生活,孩子才会身心健康,不断进步。

2. 要经常陪伴孩子

很多父母以工作繁忙为由,不愿抽出时间和孩子交流、沟通,而一旦和孩子待在一起,就想抓住有限的时间对孩子进行说教,这样自然难以产生和谐的亲子关系,只会使孩子和父母的关系变得更加疏远。

小松最近一段时间学习不用功,成绩下降,在家里对父母也越来越没有礼貌,很少主动和爸爸妈妈说话。无奈之下,妈妈带他去看了心理医生。

心理医生告诉妈妈,问题主要出在孩子的爸爸身上。孩子说,在学校常有同学欺负他,他不知道该怎么办。回家后,他很想和爸爸说说这件事,让爸爸给他出主意,可爸爸总是很忙,从来没有好好陪过他,让他觉得得不到爸爸的关爱,因此总是闷闷不乐。

爸爸知道后,主动减少了工作量,尽量多和儿子在一起,小松又变得阳光快乐起来。

父母应该抽出一定的时间和孩子相处,如和孩子一起玩游戏,带孩子出去走走,给孩子讲故事,辅导孩子的功课等。通过这些方式,孩子和父母的关系会融洽很多。

3. 善待孩子

善待孩子,要求父母多花时间和精力去了解孩子,观察孩子,学会理解和体谅孩子。

梁启超的女儿梁思庄读大学选专业时征求爸爸的意见,梁启超考虑到现代生物学在当时的中国还是空白,肯定有发展前途,于是写信给她,建议她学这门专业。出于对父亲意见的尊重,思庄选择了生物学,但生物学老师课讲得不好,没能激发起思庄对生物学的兴趣。梁启超得知后,又写信告诉她,选择学问最好是自己性之所近,这样会事半功倍。后来,思庄改学图书馆学,最终成为一名图书馆专家。

在家庭中营造和谐温馨的家庭氛围,从善待孩子开始。父母要放大孩子的优点,宽容对待孩子的缺点,赏识孩子,这样孩子才会变得自信、积极、进取,成为社会所需要的人才。

4. 营造民主平等的家庭氛围

民主平等的家庭气氛，不仅有利于孩子健康成长，而且还有利于孩子心理和人格的健全发展。

小爱生活在一个具有民主、平等氛围的家庭，妈妈给了她充分的自由，只要她感兴趣的事情，妈妈都不会反对，还会鼓励和支持她。这天，妈妈在下班的路上收到一些培训机构发的传单，上面的学习内容很多，还介绍了具体情况以及孩子参加培训学习后可以达到的效果。妈妈并没有盲目地给小爱报名，而是回家征求她的意见。

小爱自己很喜欢跳舞，她就想报个跳舞培训班。这样，妈妈在尊重孩子意愿的基础上，为孩子报了名。有了妈妈的尊重和支持，小爱学得很用功。

父母要将孩子看成与自己平等的一员，让孩子参与家里的事情，遇事多听孩子的意见，让孩子获得被尊重和被重视的愉悦感，这样既可以增加孩子的责任感，亲子关系也会更融洽。

如今的家庭关系应该是两代人相互尊重、平等相处的关系。从父母方面来说，要尊重子女的意见、行为，尊重孩子的人格，让孩子表达自己的意见，让孩子在一定程度上参与决定家庭的事情。在家中，父母营造出民主、平等、宽容、和谐的氛围，孩子长期在这种家庭环境中成长，他们的个性就能得到全面的发展。

8

CHAPTER 8

第八章

掌握方法，善于顺势引导孩子

充分利用孩子设定的目标引导孩子

孩子的目标往往有很多，但孩子的精力有限，而且遇到困难容易退缩，所以经常出现孩子设定好目标又中途放弃的情况。要知道，成功是属于那些永不言弃、坚持到底的人的，家长应当引导孩子勇于面对困难，坚持到底，努力完成设定的目标。

我曾经听到有家长对孩子说："你看×××多聪明，简直是一个天才，你的资质太差了，连人家一半都不如！"其实，这个世界上没有人一出生就是天才，所谓的天才，就是比你更有恒心和毅力的人，他们的才能和智力不见得比你高，但是他们遇到困难不会轻言放弃，而是锲而不舍地坚持努力，如果你能做到这些，成功就会属于你。

凡尔纳是法国著名的科幻小说作家，但很少有人知道，凡尔纳为了发表他的第一部科幻作品，曾经遭受过多么大的挫折！

1863 年的一天，凡尔纳刚吃过早饭，正准备到邮局去，突然听到一阵敲门声。凡尔纳开门一看，原来是一个邮政工人。工人把一包鼓囊囊的邮件递到凡尔纳的手里。一看到这样的邮件，凡尔纳就预感到不妙。自从几个月前他把第一部科幻小说《气球上的五星期》寄给各家出版社后，这已经是第15次收到被退回的稿子了。他怀着忐忑不安的心情打开包裹一看，只见退稿信上写着："凡尔纳先生：尊稿经我们审读后，不拟刊用，特此奉还。××出版社。"

每看到这样的退稿信，凡尔纳的心里都是一阵绞痛。这次是第15次了，还是未被采用。凡尔纳此时已深知，那些出版社的"老爷"们是看不起他这个无名作者的。他愤怒地发誓，从此再也不写了。他拿起手稿向壁炉走去，准备把这些稿子付之一炬。凡尔纳的妻子赶过来，一把抢过手稿，紧紧抱在胸前。凡尔纳余怒未消，说什么也要把稿子烧掉。妻子急中生智，满怀关切地安慰丈夫："亲爱的，不要灰心，再试一次吧，也许这次能交上好运的。"

听了妻子的话，凡尔纳抢夺手稿的手，慢慢放下了。他沉默了好一会儿，终于接受了妻子的劝告，又抱起这一大包手稿到第16家出版社去碰运气。这次没有落空，收到稿件后，这家出版社决定予以出版，并与凡尔纳签订了20年的出书合同。

如果没有凡尔纳妻子的疏导，没有"再试一次"的勇气，没有再坚持一下的决心，我们也许就看不到凡尔纳笔下那些脍炙人口的科幻故事，世界文坛就会失去一份宝贵的财富。

其实，绝大多数人的失败都是因为过早地放弃努力，许多人在只差临门一脚的时候放弃了，与成功失之交臂。如果父母真的希望孩子成才，就要鼓励孩子坚持到底。

父母要充分利用孩子设定的目标引导孩子，教育孩子坚持自己设定的目标，帮助孩子设法跨越各种意外出现的障碍，鼓励孩子坚持不懈、不屈不挠。具体来说，父母要做到以下几点：

1. 让孩子大胆尝试

父母应当给孩子足够多的自由空间，让孩子大胆尝试，允许孩子犯错，让孩子在一次次犯错中获得经验。父母在鼓励孩子大胆尝试的时候要注意，把焦点放在尝试的过程和孩子付出的努力上，不要强求结果的完美。同时，父母要经常表扬孩子，让他能够认识到自己的优点和长处，这样一来，孩子遇到挫折时，就不会一蹶不振、轻易放弃了。

2. 对孩子多鼓励，少指责

经常指责孩子会让孩子产生恐惧感和沮丧感，当孩子失败时，父母要帮助孩子分析失败的原因，帮助孩子找到成功的方法。只要父母注意培养孩子积极的心态，孩子的生活就会充满阳光，当他遇到困难时，就不会总是感到自卑和畏缩了，耐心和毅力自然也就具备了。

3. 告诉孩子坚持下去

“靡不有初，鲜克有终”，很多事情往往一开始进行得比较顺利，但后来遇到困难了，就会半途而废。父母要鼓励孩子不轻易放弃、半途而废。一方面，坚持下去也许能够使事情朝好的方向发展；另一方面，即便结果仍不理想，努力把这件事情做完就是一种成功，而且人的意志力也会得到磨炼。

总之，父母要让孩子记住：只要多加一把劲，再坚持一下，你就可以改变现状。当你锲而不舍地坚持了下来，也许你就可以达到你设定的目标。

充分利用孩子自我激励的能力引导孩子

自我激励是孩子成长过程中不可缺少的能力。孩子遇到困难和挫折时，及时地进行自我激励，才会有信心和能力去勇敢面对。为人父母者要引导孩子学会自我激励，引导孩子善于自我激励。正所谓求人不如求己，孩子拥有自我激励的能力，就能以积极的心态激发自身的潜能，不断战胜挫折、走向成功。

我给学生做家访的时候，经常会有家长向我“吐槽”：“管教孩子实在是太累了，我不督促他，他就不好好学习！”我会告诉这些家长：“当孩子已经渐渐长大，对孩子必须学会放手，引导孩子进行自我督促和自我激励。”

所谓自我激励，就是通过激发自身的行为动机，使自己处于一种兴奋、自信的状态。这是一种积极的自我心理暗示，常常能使处于不利地位的人消除自卑感，增强自信心和进取心。

自我激励是一个人成功的必备素质。一个善于自我激励的人，总是能够发挥自身的潜能，创造出令人瞩目的成绩。而一个不会自我激励的人，就算拥有良好的天赋，也难以充分发挥自己的潜力，在人生道路上举步维艰。

高三学生李某某，因为一次考试成绩不理想，感到无颜见父母，就投河自尽了。事情的经过是这样的：李某某是个高中生，平时性格内向，遇事总是闷在心里，但他最大的缺点，在于抗压能力差，不会激励自己战胜挫折。这次期末考试，虽然他付出了艰苦的努力，但考试成绩却很糟糕，他认为拿这样的成绩根本无脸面对父母殷切的目光。其实，他这次考试成绩比前几次有了不小的进步，然而遗憾的是，他没有看到自己的进步，也没有借此激励自己，而是把自己送上了绝路。

这是一个极端的事件，带有一定的偶然性，但其中暴露出来的问题值得家长们思索。家长有必要帮助孩子学会自我激励，这是让孩子拥有美好未来的关键所在。家长应使孩子认识到，在生活中难免会遇到这样或那样的困难和挫折，这是很正常的，如果连一道坎都过不去，实现人生理想就会无从谈起。

家长应教会孩子对自己说一些鼓励的话，哪怕孩子做得还不够好，或者说只取得了一点点进步，父母也不要吝啬鼓励孩子。千万不要认为这是在教孩子盲目自大，实际上这是在教孩子学会激励自己。对于孩子来说，通过自我激励，可以激发自身的潜能，从而使他们有更好的表现，良好的表现又会促使孩子做出进一步的自我激励。

生活就像一场游戏或者比赛，当孩子陷入困境、无所适从时，父母或许也帮不了他们，他们唯有不停地给自己加油打气，激励自己坚持到底，才能改变命运。

自我激励是一种习惯内化的结果。我们鼓励孩子进行自我激励，希望孩子不仅重视父母的赞扬或者物质上的奖励，更要注重对自己努力的肯定，能正确地面对物质上的诱惑。虽然在孩子取得进步和好成绩时，父母可以给孩子赞扬和奖励，但最终还是要靠孩子用自己的力量进行自我激励，从而强化自己的行为。

当然，孩子自我激励的能力并不是先天具备的，它也需要父母的科学引导。在生活中，父母要注意引导孩子进行积极的自我激励，教孩子通过自我激励来激发自己的潜能，促使孩子逐步走向成功。

让孩子进行自我激励，父母可以从以下几个方面进行引导：

1. 让孩子树立自我激励的目标

高尔基曾经说："一个人追求的目标越高，他的才能就发展得越快，对社会就越有益。"孩子一旦有了目标，那么他的思想和行为都会围绕着这个目标来进行。孩子的自我激励也需要一个目标，孩子树立了自我激励的目标之后，在目标的指引下，他的自我激励才会更加具体，他才能够有针对性地付出努力。

2. 让孩子学会自我暗示

研究表明，一个人心里设想和相信什么，他就能够用积极的心态去获得什么，他把自己想象成什么人，将来他就真的可能成为什么人。伦敦大学的罗勃·博哈利博士在教育孩子学习时说："试着想一个你认识的很聪明的人，然后闭上双眼，想象你就是那个很聪明的人。"孩子们照做后，接下来的测试结果显示，孩子们的分数都有显著的提高。可见，自我暗示的力量是多么强大啊！

父母教孩子学会积极的自我暗示，这对于缺乏信心的孩子来说尤其重要。一定要用正面的、积极的语言进行自我暗示和激励，比如，让孩子每次暗示自己"我一定可以成功"，而不是"我一定不能失败"。因为前者在孩子的大脑中种下的是成功的因子，潜意识会引导他走向成功，而后者在孩子的大脑中种下的是失败的因子，潜意识会导致失败。

3. 引导孩子正确评价自己

每个孩子身上都有长处和短处，都是优点与缺点并存。作为家长，要细心地观察孩子的一言一行，要找出孩子身上的闪光点并加以肯定，让孩子产生良好的自我感觉，这样自我激励才会产生，孩子才有前进的动力。为孩子提供一个宽松的环境，具体的事情让孩子去尝试，当孩子有一点儿进步时，就要不断地给他鼓劲，帮助他突破自己。当孩子遭受打击时，父母要及时调整孩子的心态。父母要让孩子学会全面地看待自己，认识到自己的长处，这样孩子才能够从打击中快速恢复，不沉浸在负面的评价中，这有助于孩子自我激励的形成。

充分利用孩子的"崇拜"心理进行引导

每个人都有自己的偶像，比如某个音乐家、画家等，但事实上，父母才应该是孩子的第一偶像。随着孩子年龄的增长，他们开始从他人身上汲取养分，父母的偶像地位岌岌可危，很可能被他人代替。父母充分利用孩子的崇拜心理对孩子进行引导，就首先要让自己的形象在孩子的心中保持不变。

多年的从教经验告诉我，如果一位老师德艺双馨，足以为人师表，在学生心中就是一种权威的存在，学生很容易对其产生崇拜心理,产生偶像效应。利用学生的这种心理,如果老师对其进行好的示范、引导,那么教育学生就会事半功倍,成效显著。对于家庭教育来说,这个道理也是适用的,所以,父母要让自己足够优秀,努力做孩子的偶像。

毕加索是西班牙著名的画家,他的父亲是当地小有名气的美术老师。毕加索在刚会走路时就经常在父亲的画室里玩耍,他常常惊奇地看着父亲用画笔将五颜六色的颜料涂抹到画布上,变成了一幅幅美丽的图画。

父亲特别喜欢画鸽子,其中一幅油画给毕加索留下的印象最深。每当毕加索回忆起这幅画时就非常激动,总是不厌其烦地告诉朋友:“那幅画里有成百上千的鸽子,那些鸽子都关在笼子里——一个巨大的笼子。”后来人们发现,那幅画的鸽笼中实际上只有9只鸽子。但是,父亲的这幅作品深深地影响着毕加索,以至于他后来创作出了扬名天下的《和平鸽》。

毕加索曾深情地说:“每当我想画一个男人,我就会想到我的父亲。对我来说,男人就意味着父亲……”

父母原本都是孩子的第一偶像,随着孩子的长大,认知能力的提升,父母的偶像地位很有可能被别人替代,这意味着孩子开始想从别人身上吸取养分,而毕加索认为“男人就意味着父亲”,说明他对父亲有深深的崇拜和依恋。

如果孩子对父母有强烈的崇拜,说明父母身上有一处或多处闪光点,能不断地照耀孩子的生命,孩子对父母的敬佩就像一股无形而强大的力量,牵引着他不断进步。

第一,要有崇高的品德。父母若想成为被孩子尊敬和崇拜的人，无论从事哪个行业，无论贫穷富贵，无论年轻年长，一定要具备高尚的品德。比如，有孝心、仁爱心、责任心、同情心……为人处世正直厚道，大方得体，有坚强的意志……当然，这些品质是需要学习和培养的，但只要有信心，用行动去落实，父母一定可以做孩子的偶像。

第二，及时提供帮助。偶像不是仅仅用来膜拜的，而是可以真真切切地为人的生活提供帮助的。正如有人说过："盐的最大职责是咸味。"没有实际用处的偶像是虚幻的，对他的崇拜也是盲目的。父母所具备的良好品质、学到的丰富知识和宝贵的人生经验，都是要用来帮助自己和别人的。所以，请你在力所能及的情况下，及时地提供帮助给他人。当父母伸出援助之手帮助别人的时候，在孩子眼中，父母的形象一定是非常高大的。

第三，亲切但不失庄重。人们通常愿意把距离自己生活很远的人树立成偶像，很大程度上是因为距离产生的美，或者因不了解而产生的幻想。实际上，不是偶像离我们太远，而是在生活中我们容易失掉礼让和庄重。所以，我们要学做亲切而不失庄重的人，只有守住"闲谈莫论人非，静坐常思己过"，自然就把握住了礼貌，做孩子的偶像也就有了基础。

除了上述父母身上应有的闪光点外，父母在与孩子的相处中，依然需要不断提升自己，才能成为孩子的偶像，才能利用"崇拜"心理引导孩子。

1. 多多关心孩子

父母要想做孩子的偶像，最重要的就是在生活中多关心孩子，这不仅是做偶像的基础，更是建立良好亲子关系的基础。如果父母在生活上不关心孩子，即使对孩子的人生道路有再好的安排或规划，孩子也很难认为爸爸妈妈是好爸爸好妈妈。孩子这样看待父母，又怎会把父母当作偶像？

2. 有能力引导孩子的成长

孩子每到人生的转折点时，父母要有能力去引导孩子。比如，孩子遇到重大考验或挫折，面临找工作、选择伴侣等问题时，父母准确的指导不但会让孩子受益无穷，更会在不经意中提升自己在孩子心目中的地位。那么，父母靠什么给孩子准确的指导呢？恐怕不仅要靠自己的人生经验，更要靠正确的认知和敏锐的判断力。所以，父母只有不断提升自己，才有能力引导孩子的人生。

3. 做好学的榜样

一问三不知的父母，多半不会成为孩子的偶像，当然，也不是说父母要有多渊博的知识才能做孩子的偶像。有的父母虽然对很多知识不了解，但被孩子问到之后，父母只要愿意主动去寻找答案，并和孩子一同学习，孩子也会尊重父母。

总之，父母要努力维护自己在孩子心目中的偶像地位，然后再充分利用孩子崇拜偶像的心理去影响他。这样，即使是“熊孩子”，也会被父母的魅力折服。

充分利用孩子的梦想引导孩子

人之所以富有，是因为有梦想，梦想是一个人奋斗的动力与源泉。即使孩子什么都没有，只要有梦想，就有成功的希望；没有梦想的孩子，只会浑浑噩噩地过日子。作为家长，不仅要让孩子有梦想，还要引导孩子坚定梦想，为了实现梦想而奋斗不止。

每个人都是独立的个体，每个人的梦想也不尽相同，每个孩子的梦想都应该被尊重。

小薇从小就喜欢向妈妈提各种稀奇古怪的问题。这两年，小薇逐渐长大了，识字了，可以自己看书了，手不释卷地读了许多科普书籍。所以，小薇小小年纪就上知天文、下知地理了，小脑袋瓜里装的科学知识有时候让妈妈都感到望尘莫及。

读书让小薇插上了梦想的翅膀，小薇常常对妈妈说："我的梦想是驾驶宇宙飞船翱翔太空，登上月球和火星。"小薇经常在作文里写道："如果我成为一名科学家……"然而，孩子们都喜欢玩，小薇有段时间因为贪玩疏忽了学习。妈妈对她说："你忘记自己的梦想了吗？”小薇得到妈妈的提醒，于是就继续劲头十足地学习，为自己的梦想不断努力。

生日那天，小薇请了很多朋友，大家玩得非常开心。当她许完愿吹灭蜡烛后，小伙伴们问她：“你许了什么愿望啊？”小薇神秘地笑了笑，说道：“我希望我的梦想可以实现。”

大家一听到“梦想”这个词，就都好奇地凑过来问：“小薇，你的梦想是什么？”小薇说道：“我现在的梦想是长大之后成为一名出色的服装设计师。我想设计许多漂亮的衣服，还要开一间属于自己的服装店。”

母亲听到小薇的回答，面露不悦，说：“服装设计师在我们那个年代就是裁缝，当裁缝没有出息。你的梦想应该是现在努力学习、天天向上，将来考个好大学，找一份好工作。”

自己的梦想被妈妈否定，小薇心情低落，丧失了信心。从那之后，小薇学习再也打不起精神，就连最喜欢的美术课也没有兴趣了。

有的孩子的梦想非常平凡，比如做个老师，或做个设计师，这也非常不错。我们要对孩子说：“无论什么领域，只要努力了，都能够做得非常优秀，做到出类拔萃，在完成自己心愿的同时，也为社会做出贡献。”

当然，当梦想确立后，需要孩子为梦想而奋斗，需要付出艰苦的努力，才能实现梦想。作为父母，不仅要帮助孩子树立远大的梦想，还要鼓励孩子坚定自己的梦想，为了梦想而努力奋斗。那么，如何做到这一点呢？

1. 帮助孩子树立梦想

很多家长教育孩子的时候，采用的是“饭碗教育”，这种教育方式虽然是家长比较常用的,但是效果并不好。家长在对孩子进行教育时,应该尽最大的可能摒弃类似“饭碗危机”形式的教育,从一开始就对孩子进行“梦想教育”。

实践证明:不论是孩子还是成年人,只有在为自己的兴趣和梦想而付出努力时,才能以苦为乐,乐此不疲。但是,梦想是什么?梦想其实是一粒种子,什么样的种子会结出什么样的果,什么样的梦想成就什么样的人生。每个孩子都是一粒种子,每个孩子也都不尽相同,有的孩子喜欢当医生,有的孩子喜欢当作家,有的孩子喜欢当科学家……家长要帮助孩子了解自己,发现自己的梦想。

2. 让孩子抱定梦想,永不放弃

通往梦想的路从来都不是一帆风顺的,一定会遇到许多挫折与磨难,孩子年龄比较小,遇到自己觉得过不去的坎儿,选择放弃也是常有的事情。这时,如果想让孩子坚定地继续走下去,就必须鼓励他们坚持、不放弃,因为坚持就是胜利,这是经过时间检验的真理。古往今来,成大事的人,大多是在失意时能够不忘初心、坚持不懈,才能够最终迎来成功,因此一定要多鼓励孩子坚持下去。

3. 树立小目标,一步步实现

有些孩子的理想非常远大,不可能在短期内实现。这时候,作为孩子的父母,就要帮助他们将理想分解为实际可行的小目标,设计一套合理有效的计划,而后脚踏实地,一步一个脚印地沿着预定的计划,朝着梦想不断前进。大目标的实现是众多小目标的积累,当小目标一个个实现的时候,大目标也就实现了。

用孩子自己想出来的办法引导孩子

当孩子遇到问题时，一些家长会急于替孩子解决，或者觉得孩子这样太慢、这样不对而打断孩子的思考或行动，这是不对的。遇到问题，父母要尽可能地让孩子发挥自己的想象力，想一想该怎么办，鼓励孩子大胆尝试，并在孩子尝试的过程中进行指导或建议。

现代教育学主张释放孩子的天性，保护孩子的想象力和探究能力，鼓励孩子去尝试、探索、发现。有些家长总觉得孩子还小，会事事告诉孩子应该怎样做，一旦发现孩子没按自己的要求来，就要制止孩子。我想告诉家长，不能包办代替孩子的一切，孩子必须要学会独立思考和独立成长，爱孩子就要放开手，鼓励孩子大胆尝试。

敢于大胆尝试是一种积极乐观的生活态度，而且常常会获得生活的眷顾。青蛙待在井底，一辈子也只能看见一小片天空，如果它敢于大胆尝试，它可能已经跳出井外，在田野里歌唱，在池塘里游泳，在草地上晒太阳……所以，如果不想让孩子做“井底之蛙”，那就带孩子大胆尝试吧！

一个小男孩的舅舅会做一手漂亮的木工活。一天,舅舅进仓库准备做几个苹果箱,男孩就站在旁边好奇地看着,他看着舅舅拿着锯子锯一些木板,又用铁锤和钉子把它们固定起来。不一会儿,几只整齐的苹果箱就做好了。

舅舅离开仓库,男孩却拿着铁锤和钉子,学着舅舅的样子钉起来。外婆忽然听到仓库里传来咚咚咚的声音,她来到仓库门口一看,地上撒着一大片铁钉,男孩钉得正高兴。外婆对男孩的大胆尝试并没有制止,而是笑着对他说:"小心点,别伤到自己。"男孩高兴地说:"外婆,您给我一把锯子吧,我想用锯子把那把椅子的腿锯短一些。您瞧,这椅子的腿太高啦!"外婆几经思考,最后给男孩买了一把锯子。

从此,男孩就缠着舅舅教他做木工活。慢慢地,他做出了很多精美的小玩意,成了一名远近有名的"小木匠"。

每个人都在对生活进行着某种尝试,生活是丰富的,越是敢于大胆尝试的人,越能感受到生活的多姿多彩,越能成为生活的主人。如果一个人一生只吃过一种菜,他也许会以为所有的菜都是同一种味道,而只有亲自品尝过不同菜的人,才会知道不同的菜有不同的味道。

父母要做的不是告诉孩子菜的味道,而是让孩子亲自去品尝。同一种菜,不同的人所感受到的味道也许是不同的。所以,父母要有品尝"各色菜肴"的勇气,孩子才敢去品尝他好奇的"菜品",孩子是否敢于大胆尝试,主要看父母对待孩子的态度。父母只有大胆放手,孩子才会用自己想出的办法大胆尝试。因此,父母在日常生活中要鼓励孩子多思考,大胆尝试自己想出的办法。